大展好書 好書大展

精 選 系 列 9

世界史
爭議性異人傳

桐生 操／著
柯素娥／譯

大展出版社有限公司
DAH-JAAN PUBLISHING CO., LTD.

序言

在我撰寫各種各樣歷史上的軼事、插曲期間，逐漸地明白了一件事：歷史有表及裡兩面，而裡面的人物往往不為人知，表面的人物背後必有陰暗的一面。而在表面舞台上很活躍的人，華麗高貴、燦爛輝煌的人生背後，幾乎可以說一定存在著被歷史消滅其足踪的人物，而從此永遠被抹殺。

他們都是被投入變化莫測、極不穩定的命運轉變之中，而且受到播弄、擺佈，結果，不知不覺地被踢出歷史的表面舞台。一旦努力地摸索他們的命運軌跡，到了這個時候，你會被命運的殘酷無情所驚嚇。

被無情的命運所擺弄的人們，以及圍繞著這些人之人們的野心、奢望所捲成漩渦的世界……。當你看到這本總是都一樣的人世間縮圖時，便會明白：以往史實常常按照當時權力者的利害關係而受到扭曲，以更有利於權力者，而且有一部份人們藉由他們的手而被踢出歷史之外，從此，隱藏在歷史的陰暗角落。

再者，歷史的觀點也是隨著時代逐漸地變化著。舉例而言，在法國大革命中被處刑的王妃瑪麗・安德瓦內特也是如此，以往她雖被視為浪費、奢侈的化身而廣被嫌忌，但現在則被評價為優雅、精緻的第一人。

如上所述，就像人的想法會隨著時代一起改變一樣，對歷史事件的解釋，也是不斷地變化著。

比方說，以前一直被認為在流放地聖赫勒拿島病死的拿破崙，也被發現了能證明其實是被用砒霜毒殺的有力證據。被視為女巫而被判應受烙刑的救國天使「聖女貞德」，也是一直浮出她處刑之後仍活著的說法。

另外，「『鐵假面』可能是路易十四世的孿生弟弟」這個說法以往許多人一直深信不移，從前無法想像、出乎意料之歷史上的人物，也登上野史、軼聞的候補之位，被大書特書。

而且，關於在俄羅斯革命時被認為已與家人一起被槍殺的俄羅斯公主安娜史黛西亞，也被找到了能證明她順利地逃亡而保住一命的劃時代證據資料，新的資料不斷地被發現，證明她可能仍活著。

另外，被認為法國大革命時與雙親（路易十六世及安德瓦內特）同時被囚禁在單普爾塔，雙親被處刑之後她自身也以九歲之齡在塔內病死的路易十七世，最近不斷地浮現一種說法：路易十七其實已被秘密地從塔內救出，在塔內死亡的少年是個冒牌貨。

本書也像這些衆說紛紜的說法一樣，就截至目前為止仍被埋葬於世界史陰暗角落，如走入迷宮般的形形色色奇異事件，以最後的情報為根據，從大膽的角度向事件的解釋挑戰一番，找找事實真相的碴，一直揭發令人難以置信的真相，挖掘歷史的陰暗面。或許，你閱讀之後連你以往所擁有的歷史觀及人生觀，也會大大地改變也不一定呢……。

此書是筆者自學習研究社之後初次出版的作品集。在精心仔細地尋獵以往世界史的資料之中，我遭遇了各種各樣被埋葬於陰暗處的怪異事件。

同時，試著將因時代的演變而被抖落、淘汰的事件，經過慢

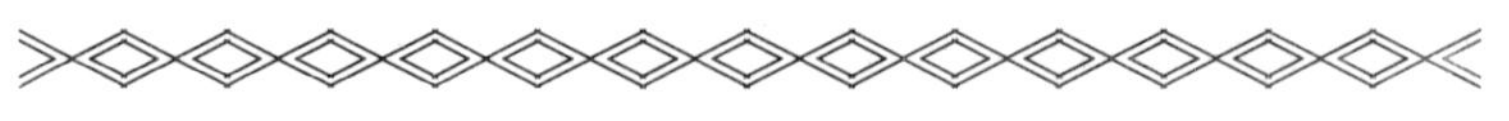

慢地濾清之後重新揭發出來，也明白了以往完全未注意的一面，令人意外地潛藏著解決事件的關鍵。以往連想都想不到的人物竟是真正的兇手，以往從未放在心上、極其細微的小事件，居然成為引起大事件的契機……，在進行調查之中，重新感受到歷史的趣味性，不由得眼睛為之一亮。

那麼，請你也儘情地享受比任何推理小說都更有趣的歷史神秘、奧妙世界……。

桐生 操

目錄

目　　錄

關於索可洛夫的調查之四項疑點／皇帝一家人皆被殺害說是被捏造的說法？／安達頌夫人即是安娜絲塔夏嗎？／安達頌夫人真正的行踪被揭露了

第一章　聖女貞德的復活

完成悲劇性死亡的少女身上發生了神跡？

在貞德的烙刑台上出現了大奇蹟

一位少女被刑吏抱住，直拖到烙刑台之前。她有如求助一般，必死無疑的神色環視周圍，她的衣服雖襤褸不堪，但那張臉卻張眼瞪視，充滿了美麗、神聖及莊嚴。

女孩被綁綑在木樁上，在其前方，主教嚴肅地高聲朗讀判決文：

「以異端信仰、偶像崇拜及引來惡魔的罪名，將妳驅逐出教會，交給世俗的司法權去審判……」

點燃了女孩腳邊下的柴薪，聚集的人們掀起了極大的騷動，一片嘩然之聲。

一四三一年五月三十日，北法古都魯昂的廣場上，許多人蜂擁而至，亂吵亂鬧、起鬨的群衆雲集於此，準備來看一場熱鬧，為了參觀、欣賞一個年輕的少女被處刑而來。

這位十九歲的少女，被英國軍隊所逮捕，在交付異端裁判之後，被按上莫須有的罪名，蓋上女巫的烙印，現在已像處刑台的露水一樣永遠消失了。

這位女孩，正是當時業已成為傳奇性存在的聖女貞德！

很快地，被點燃火苗的柴薪爆裂開來，巨大的火焰升起竄燒，發出有如從地獄底部響起般的聲音。而且，被火焰所包圍的少女，臨終時的叫喊聲，幾乎要撕裂人，搖動著周圍人們的身心。

「耶穌基督、耶穌基督，請憐憫她吧！」

以狂歡的心情而聚集過來的群衆，本來雖以看廟會熱鬧節慶的心情而來，但在那一刻卻鴉雀無聲了。因為，恰在那一刻的確發生了令人難以置信的事情。

天哪！燃燒得很旺盛的火焰之中，突然有「耶穌」的字形浮現出來！而那兩個神聖的字，在火焰中有一點晃動著。

群衆開始奔竄，類似畏懼的衝擊感。奇怪的異象還不僅於此。

當人們正以為似乎有一隻鴿子從火焰之中氣勢雄渾地飛出來時？牠已一邊散放微弱的光芒，一邊飛向法國國王城堡的彼方而去。

對展開於眼前奇蹟般的光景，一直默不作聲而呆然地站到最後一刻的人們，也才逐漸地清醒過來，恢復神志。

然後，大家都害怕得顫抖不已。一起跪在地上，一邊流淚一邊異口同聲地嘟喃著說出祈禱的話。

「果然不錯，貞德是神聖的處女！」

「天哪，好恐怖！我們燒殺了聖女啦！太可怕了。」

傳遞神諭示的天使聖米卡埃爾

一四二二年，國王查理六世駕崩之後，法國分裂成擁戴王子查理的阿馬尼亞克派，以及與英國國王締結聯盟的普魯高紐派。

英國國王以過去與法國的血緣關係為最後王牌，要求法國的王位，並使出絕招進兵法國。另一方面，懷疑查理王子是母后與情人之間的私生子，被驅逐至巴黎南部的普喬。巴黎已經落入英軍手中，而南方的城鎮奧爾艮，也恰好處於即將攻陷的狀態。

自古以來法國即有如此的預言：國家將滅亡時，或許會有一個處女出現，率領軍隊從敵人手中救出國家，對此時的法國而言，必要的是一位讓疲弊的國民振奮起來、鼓舞士氣將英軍從國土驅逐出去的救世主。

貞德的出現，恰好就在這樣的時刻，將陷入窘境的祖國——法國，導向勝利之路的她，是在戰亂頻仍的中世紀史上，發出燦爛光芒的著名女性，但是，她也是個充滿了極大謎團的存在。

才滿十七歲就突然登場於歷史的表面舞台，並率領法軍連連獲勝的貞德，儘管被稱為奇蹟性的救世主，但二年之後，卻一變而被冠上女巫的污名，在烙刑台上面臨了最後的一刻。

穿上鎧甲武裝起來，拯救祖國的聖女真德。

聖女貞德究竟是何人呢？其種種奇蹟是什麼樣的情形？無論如何，去試著追踪其被謎團所包裹的生涯吧！

貞德（也就是珍娜）是一四一一年（也有說一四一二年）出生於洛林國境附近的德姆萊村的農家女兒。她雖是個孝順父母、自信很高，任誰都會疼愛的小姑娘，但人們都知道，她從小就擁有不可思議的能力。

到了十三歲（一四二四年）的某一天，發生了令人驚訝萬分的事情。她一站在庭院前面沈思著事情，眼前突然變得明亮起來，從令人暈眩的光芒之中，出現了一位穿上甲冑、全副武裝的男人。男人自稱是天使聖米卡埃爾，驚訝得連話都說不出來的珍娜，溫柔地向他打了招呼，兩人交談了一會兒。

「不必害怕呀，珍娜！妳將得到神的幫助，成為拯救祖國的處女。」

珍娜也知道以前早就傳說著的「拯救祖國危機的處女」的預言。但是，這個處女竟是……自己。雖非常出乎她的意料，懷著無法想像、難以置信之心情的珍娜，約二年後就有了如此的體驗。

有一天，她走在村子裡，就被一位在路旁樹蔭下休息的僧侶詢問了名字，她回答：

「我叫珍娜。」

「妳最好從今天開始改名為貞德。我看到妳就直覺地認為妳並不是普通的少女。妳大概知道自古即傳說的預言了吧！那個少女就叫做貞德，據說她從洛林國境出境。妳一定就是那個處女沒錯！」

被神的聲音所引導而解放奧爾艮

僧侶的話，不久就應驗而成為事實。之後，天使聖米卡埃爾及聖女瑪格莉特頻頻地現身，開始傳授各種話語，最後頒下決定了她的命運的啟示。

「貞德呀，妳最好去幫助查理王子。解開奧爾艮的包圍，突破險境，幫他重返自己的王國。」

貞德一邊感動得顫抖，一邊說道：

「可是，我是沒錢沒勢的農家女，無論騎馬或指揮士兵都做不到。」

「妳最好去見瓦庫魯爾的守備隊長。他會帶妳到王子身邊。」

到了十七歲的某一天，貞德將一切經過向伯父坦言，請他帶自己到守備隊長那兒去。隊長最初並不信任貞德的話，卻被貞德毅然決然的態度而大受感動，決定讓騎士及隨從跟著她，出發到王子所在的西諾城。之後，一行人終於在黑夜之中抵達城裡。

另一方面，在因貞德的到來而驚慌失措的宮廷裡，決定為了確定貞德是否果真為神的使者而編一齣滑稽劇，也就是說，讓王子混入家臣之中，試驗貞德是否能識破這個設計。

巧妙地分辨出王子的貞德，筆直地前進到他的面前，跪了下來。

「王子殿下，我從神那兒被派遣來，為了拯救你的王國，我願竭誠效力。神命令你正式承受王冠，開開心心地就王位。」

儘管在眾人之中掀起感嘆的聲音，王子為了慎重起見，仍進行了各種調查。毫不費力地完全通過這些考驗的貞德，王子賜與她三千名兵卒，終於上陣出征。

貞德穿上燦爛奪目的鎧甲，騎著美麗的白馬，走在軍隊的前頭。不久，戰鬥開始了。然而，貞德肩上中箭負傷，兵士們立刻喪失鬥志的退卻起來。貞德仍完全不顧疼痛，鞭打白馬驅策牠前進。

「不能退卻！」

她這麼一喊叫，自己就舉著旗子站在軍隊的前頭。

「前進！神一定守護我們，為我們引導至勝利。」

此時，就像要回應她似的，奧爾良城的鐘同聲響起，城門打開了，而城內一夥士兵正以敵軍為目標，逼進過來。

敵軍被貞德所率領的救援軍與城內的士兵所夾擊，應聲敗北，紛紛四散逃走。戰場上堆積著敵兵的屍體，血流成河。於是，奧爾良在隔了數個月之後從英軍之手解放出來。

三十歲時的查理七世。

被審判為異端，接受死刑的判決

「預言被應驗了，少女救了咱們。」

城鎮的人們為了想要親睹一眼這位被神派遣而來的奇蹟般的少女，蜂擁地站在軍隊前頭，跪在威風凜凜進城而來的貞德面前，一邊哽咽地流著感動的眼淚，一邊頻頻地吻過她的鎧甲，如落雨般地親吻著……。

貞德趁著情勢，將王子一行人平安無事地引導至蘭斯。一四二九年七月十六日，終於可以讓王子加冕。

於是，「貞德被神的使者所探聽、詢問」的預言完全實現了。

貞德的名聲響震歐洲各地，到了此時，情況已至敵兵只要一聽到她的名字，就先失去鬥志。但是，英軍又以巴黎為開端佔領了法國西北部。只要一天不驅逐這些軍隊，法國就沒有真正的勝利。

徹底主張進攻巴黎的貞德，對想以和平外交面對問題的國王而言，逐漸成為眼中釘。在這樣的情形之下，貞德斷然拒絕國王的制止，與急進派的軍官及士兵一起進軍巴黎，結果負了傷。以此為分界點，從此她不斷地節節撤退、連連敗北。最後，在康畢艾紐被逮捕了。

據說，聽到這個消息的路易七世，一點也不想救她，與家臣們一起嘲笑她。

而逮捕貞德的英軍，以異端之名審判她，法庭將貞德判決有罪，視她為女巫，諸國謠傳法國的勝利是因為惡魔的作祟，一時騷動四起，引發了戰爭。

一九三一年二月，結果，貞德違反天主教的教義、主張聆聽了神的聲音等事項，成為有罪的決定性關鍵。後來她被宣判死刑，被送上貨車，載到將施行處決的魯安廣場。

「我所聽到的聲音，的確是神的聲音，聲音不會欺騙我的。」

據說，悲痛地喊叫的貞德，聲音極其哀憐，於是，年僅十九歲的貞德在火焰之中一直消失、消失……。

被處了刑的貞德，五年後又出現了

然而，處刑之後的一四三六年，貞德擔任瓦庫魯爾聯隊的下士官在軍中工作的兩個弟弟，聽到了令人難以置信的風聲：在麥茲城鎮上，出現了一位二十五歲左右的女人，自稱是聖女貞德。

「竟有如此荒謬的事情，一定是哪裡的大騙徒在搞什麼鬼，其中必有陰謀！咱們到那兒去瞧瞧，把那個女人的假面具剝下來吧！」

兩個弟弟興致勃勃，出門往麥茲前去。

自稱是貞德的女人，在騎馬競賽場戴上甲冑打扮成騎士的模樣，奔馳於城鎮盡頭的馬場障礙跑道上。兩個弟弟靠近過來，向騎在馬上的女人打招呼。

「我們是貞德的弟弟。妳是假借姊姊之名蠱惑民心的不法之徒，騙人的傢伙。」

於是，那個女人回答了：

「你們在說些什麼呀？布迪佳、畢埃爾，你們不認得我了嗎？」

兩人覺得那聲音好像聽過似的，有一點熟悉。但是，萬萬沒有這樣的道理，姊姊絕對不會活過來才是！難道……。

「我們又相聚了，我正等著見你們呢！」

突然，那個打扮成騎士模樣的女人，將甲冑的帽遮抬高了。

「啊，是妳！」

從甲冑的帽遮之下出現的，的確是那張令人懷念的貞德的臉龐。

「啊，不是姊姊嗎？」

兄弟兩人這麼叫嚷著，當場呆若木雞地站立著。一點都沒有錯，正是自己的姊姊貞德。對這個令人難以置信的奇蹟，兄弟兩人流著眼淚，與姊姊互相熱烈地擁抱著。

後來，故鄉的人們也承認她是真正的貞德，全鎮籠罩著歡欣氣氛，彷彿正在慶祝某件喜事。

逐漸地，貞德也被魯森堡的王后及王妃所接待，奉為賓客。二年以後，也訪問了奧爾良。鎮上的有力人士們全部到齊了，舉辦歡迎貞德的宴會，對貞德曾經立下的功績，贈予獎金及葡萄酒。貞德仍活在人世的事情，很快地，也傳到查理七世的宮廷。

「是不是可以就這樣置之不理呢？萬一這是真的事情……這樣做好嗎？」

「可是，會有這麼荒謬的事情嗎？」

在烙刑台上，貞德的衣服一被燒落，執行人一熄火，就將她身體的各個部位向參觀者公開。之後，在耗費四個小時燒盡貞德之後，她的骨灰應該確實已被丟到塞納河裡。

「我有一個好點子。試一試將她邀請到宮廷來一次，如何？」

家臣的提案，被設定了與九年以前全然相同的場面，五十支火把將大廳堂照耀得亮晃晃的。查理七世穿著家臣的服裝，混入貴族們之間。

但是，一腳踏入大廳的貞德，就像九年前一樣，立刻看穿了國王的計謀，認出了他，人們屏息斂聲，凝視著她挺然走近國王的前面。

「的確是她，沒有錯！」

「可是，不可能有這樣的事啊……！」

查理七世、家臣全都嚇得全身顫抖。但是，她頸部上的箭傷、下顎的黑痣，的確都與貞德生前的特徵一模一樣。

承受神的偉大祝福完成復活

然而，這樣的事果真可能發生嗎？

查理七世很苦惱。處刑她之後才不過七年而已，不用說，當然也未實施恢復名譽的裁判，巴黎大學也好，羅馬教廷也好，對貞德都未採取嚴苛的態度。此時「貞德」的出現，使他陷入困惑及恐懼。

「我有一個辦法。陛下要徹底將那個女孩視為冒牌貨，千萬別退卻。」

但是，國王本身最清楚一件事：那就是之所以有現在的自己，全是拜貞德之賜，那個救了自己的恩人出現在眼前了，卻要將她當作冒牌貨，給她不義的對待，難道還要對人說：「趕她出去！」

「請丟掉不必要的道具。」九年以前，熱心地建議、鼓勵他應迎接招待貞德的岳母安喬王后尤莱黛，也冷靜地主張應該打發她回去。

「岳母大人，請告訴我，那個時候被燒的人是貞德？她可能真的復活了吧？」

對以顫抖的聲音這麼詢問岳母的查理七世而言，即使是將貞德解釋為厭惡的某人，這也是最重要的。

出現在衆人面前的貞德是真正本人，這是確定的事實。果真如此，那麼，她就是從那個處刑台的火焰之中，藉由神的手被救出了。貞德本身，甚至在臨到處刑的前一刻，仍堅信不移自己會被救。她這麼說：

「處刑時可能會發生什麼事，我將會獲得偉大的勝利。」

偉大的勝利——這句話不就正是指「復活」嗎?!

火焰之中浮現出來的「耶穌基督」等字，以及飛翔而去的一隻鴿子——正是這些。這些不就是後來發生「復活」這個偉大奇蹟的前兆嗎?

聽到神的聲音，被那個聲音所引導，而帶給祖國——法國勝利，讓王子即位的人，正是貞德，仔細地想一想，十餘歲的少女完成了這麼偉大的事業，這件事可以說是出乎意料之外的謎。她正是蒙受了神的恩寵的神聖處女。神沒有道理將如此的她拋棄。

但是，查理七世及貴族們背叛了這個聖女。那個事實，無疑的必定是有令人難以承受的恐懼，於是，他們才決定無視於一切、不顧後果吧!

結果，貞德被逮捕、交付審判，被迫在公衆面前承認自己是「假冒他人名字的壞人」。

然而，理應被蓋上「冒名頂替者」烙印的貞德，之後回到麥茲，正如以往一樣，被視為「正牌貨」而接受了。貞德的弟弟們，也稱呼她「姊姊」，貞德家的親戚，也邀請她到家族的聚會。

順帶一提，根據作家柯林・威爾遜的說法，貞德是一位具有神賜能力、超凡魅力的女性，查理七世等人，一開始大都將她看作異人，而成為虔誠熱心的信奉者。再者，她被英軍逮捕之後，也獲得一批狂熱的支持者。

威爾遜雖陳述了，從那時候起，英軍逮捕犯人時，有一個救出貞德的陰謀正被計劃著，且被付諸實行的情節，但真相當然是不確定的，一切都不明朗。

另外，據後世的研究者說，貞德有可能具有王室的血統。

查理七世的父親查理六世有一個名為奧狄黛的情人，她於一四一一年產下一女。可是令人不可思議的是，關於那個女嬰之後的種種情形，並未留下任何記錄，彷彿從這個世界消失似的。而且，老實說，貞德出生的年份與那個女嬰是同一年。

因此，「貞德並不是農家女，該不是奧狄黛所產下的國王的私生子吧！」像這樣的臆測性說法，開始浮現出來，一直被許多人討論著。除此之外，也有「貞德是不是王妃伊莎波與情人之間所生的女兒？」等各種假設性說法，時至今日仍引起極大的爭論。

無論如何，完成種種奇蹟，最後果真復活的聖女貞德，在歷經五百餘年的今日，無疑的，仍是引起我們內心熱烈感動及浪漫情懷的悲劇性神聖處女，以及受到神之祝福的謎般女中豪傑。

第二章　布吉亞家的毒藥

綻放於文藝復興的罪惡之花
契札雷沾滿血腥的野心及慾望

耽溺於亂倫與淫蕩的布吉亞家的男人們

時間為十五～十六世紀。舞台為絢爛的文藝復興末期的義大利。在那裡，布吉亞家沾滿血腥的戲劇性故事，被充滿惡意、盛大隆重地宣揚、傳頌著。

主角是布吉亞家美貌的兄妹，契札雷及露克蕾琪亞。

契札雷是一位暴君，他想要將當時如亂痲般的義大利統一起來，並且用冷靜而堅定的意志貫徹陰謀、暗殺及毒殺政敵（開始被風傳這是布吉亞家的『家傳技藝』）等權謀術數。他若是馬基維利『君主論』的模特兒，此書是以他為藍本而撰寫的，那麼，大家大概可以明瞭他是什麼樣的人物吧。

另一方面，露克蕾琪亞是受到父親教皇安列山德洛六世，及兄長契札雷的野心所擺弄的可憐女性。除了這個形象，她也有相繼地將身旁的男性們牽扯進不祥命運的壞女人形象，兩者合併在一起的形象，即是她這個年輕的美女。

兩兄妹的父親教皇安列山德洛六世，是個精力充沛的男性。

他露骨地表現出旺盛的慾望，追求權力、女人及所有一切的東西。儘管位居羅馬天主教的最高位，但他仍圍繞著數個情人團團轉一事，也非常有名。

理應成為人倫象徵的教皇卻圍繞著一堆情人，雖看起來似乎是荒謬絕倫、無可救藥的事情，但若從當時教皇廳內娼妓大量雲集，酒後喧鬧吵嚷的亂象，已成人們日常茶餘飯後談論的話題來看，這種情形並不是值得大驚小怪的。

契札雷及露克蕾琪亞的母親是娃諾琪，她是安列山德洛六世所鍾愛的情人之一。娃諾琪生了四個孩子，亦即契札雷（長男）、漢安（次男）、露克蕾琪亞（長女）及荷夫雷（三男）。他們每個人都繼承了母親的美麗，而前面的三人特別美麗、英俊。

契札雷是個野心勃勃的人，深具男子氣概，也是為了目的不擇手段的直爽型，是凡事都毫不加掩飾、真情流露的人。漢安則是愛漂亮、好打扮、非常喜歡玩弄女人的享樂派。

兩人自小即拼命地互相爭奪美麗的妹妹露克蕾琪亞。他們對妹妹的傾心，是一種甚至接近異常的偏愛心理。後來，還傳出兄妹有近親相姦關係的驚人風聲，引致人人議論紛紛。

然而，據說他與么弟荷夫雷的妻子，妖艷的拿波里美人莎嘉也都有肉體關係。

露克蕾琪亞一邊凝視如此的家族亂倫情形，一邊長大成人。當時，義大利也同樣紊亂。擁有南部大半地方的拿波里王國、北部的米拉諾公國、維內幾亞共和國，以及以羅馬為中心的天主教首長教皇，擁有廣大的法國領土，都以「一國之王」君臨天下。

一四九二年，安列山德洛六世的當務之急，是就法國國王的位子之後立刻採取勢力均衡政策，使分裂義大利的米拉諾公國及拿波里王國處於和平的狀態。

而讓年僅十二歲的露克蕾琪亞與米拉諾公爵的堂弟貝諾羅伯爵喬文尼•史浩魯幾亞結婚，即是為了此一目的而計劃的。結婚典禮邀請了羅馬全市市民，盛大地舉行。露克蕾琪亞雖穿戴了鑲滿了寶石的后冠及黃金製的結婚禮服蒞臨了現場，但她惹人注目的幼稚，與豪華的衣裳形成了強烈的對比，幾乎令人心生憐惜。

那一夜新郎新娘是否結成婚了呢？這並不得而知。原因是，過了四年以後兩人因丈夫一方性無能的理由，而被教皇命令離婚。

另一方面，喬文尼的立場再屈辱不過了，他從未碰上那麼令人臉上無光、顏面盡失的事情，非僅被要求離婚，甚至連身為男人的機能也被否定了。他在後悔之餘，四處宣揚說：「我之所以能爭奪到露克蕾琪亞，是因為教皇、契札雷與她是近親相姦的關係。」

名聲響亮的布吉亞家亂倫及淫蕩的傳言被擴及全歐，也是從此時開始。

隨心所欲地殺人的罪惡之花契札雷

比露克蕾琪亞年長五歲的哥哥契札雷，是綻放於文藝復興義大利的罪惡之花。自小即滿溢著野心，為了將想要的東西拿到手，根本不擇手段。

夢想征服全義大利的契札雷，雖十八歲時被父親授與了樞機卿的地位，但他對這個職務

為了達成自己的野心、慾望
而任性恣意殺人的契札雷。

毫無興趣。比其這個職務，他感到弟弟漢安被授與的地位教會軍司令官更具魅力。

對契札雷而言，漢安本來就是個令人生氣的存在，看對方很不順眼。因為，漢安不但自小便受到父親的疼愛，況且，他氣度大方、有大將之風的性格也隨時成為矚目的焦點。再者，他也與自己爭奪露克蕾琪亞、荷夫雷的妻子莎嘉之愛的宿敵。

如果連漢安也消失，那麼布吉亞家就是契札雷的天下。父親早晚有一天會死，么弟荷夫雷又是個無能的人……。契札雷並非明白了這一點卻毫無動作的男人。

於是，一四九七年六月十四日，悲劇性事件終於發生了。

這一天，布吉亞家在羅馬梵挪幾亞的別墅舉行宴會。除為了躲避離婚的醜聞而隱身於修道院的露克蕾琪亞之外，布吉亞家的兄弟全都齊聚一堂。

當宴會進入佳境之際，突然有一個戴著假面具的男人靠近漢安與他攀談，然而，任誰都不會覺得奇怪。由於漢安也是同性戀者，所以衆人都心想：可能是漢安新的戀愛對象吧?!

深夜時宴會一告結束，客人就紛紛打道回府，漢安的馬車回到狄維累河邊的文康宮附近時，已是半夜二點左右。漢安吩咐車伕說不想再呼吸一點夜間的空氣，讓馬車駛入不見人影的後街小巷。然後，對車伕留言交待如果一小時之後還未回來就先回去，他會自己回家，接著便與那個戴著假面具的男人一起消失踪影。

二天之後，漢安的屍體居然從狄維累河被拖上來了，而且全身有九處撕裂傷痕，又被污物沾滿了全身，一副殘不忍睹的模樣。據說，父親教皇悲傷至極，關閉在自己的房間裡不出來，整個晚上都聽得見他不介意他人眼光，如野獸般咆哮著的聲音。

立刻展開兇手的搜查工作，數個嫌疑者浮現了。

首先，米拉諾公爵的弟弟史浩魯幾亞樞機卿。

事件發生的二個月以前，在他的宅邸舉行的宴會有一點小爭吵。事情的開端，在於漢安高聲叱責某人：「吃閒飯的傢伙！」對方也不服輸，指著漢安反唇相譏：「私生子，我瞧不起你！」被戳到痛處的漢安，好像被人捅了一刀似的，勃然大怒地跑到教皇那兒。

教皇立刻派遣一隊士兵到史浩魯幾亞樞機卿的宅邸去，命令他們一逮捕了侮辱漢安的人，就馬上進行絞首刑。因為有過那樣的爭吵，立刻全面搜索了史浩魯幾亞樞機卿的公館，但是，並未發現任何殺害漢安的證據。

其次被懷疑的人，是露克蕾琪亞的前夫貝諾羅伯爵喬文尼。因性無能的理由而被強迫與露克蕾琪亞離婚的他，懷恨著布吉亞家，有充分的動機暗殺漢安。然而，他被證明了當夜一直待在米拉諾境內，嫌疑洗清了。

弟弟荷夫雷也被懷疑是兇手。他雖曾嫉妒漢安與妻子莎嘉的不倫關係，但莎嘉的畸戀對象並非只有漢安一人，已是衆所周知的事實，因此，並不是太大的問題。

最奇怪而啟人疑竇的人，無論如何都不能放過事件當夜與漢安同時消失踪影，戴著假面具的男人。不過奇怪的是，當局並不想追查假面具男人。布吉亞家的人們，的確知道假面具男人的真面目，但是，無法公諸於世或許是有某種原因吧！

令人驚訝的事件發生之後的第二十天，教皇突然命令停止搜查兇手的行動。對這個命令的唐突，人們存有疑惑。當局似乎掌握了關於兇手大致上確實的證據。不過，也似乎因某些理由而不得不一直保持曖昧不明，隱蔽過去永不見天日。

很奇怪的是，停止搜查之後不久，荷夫雷、莎嘉、契札雷彼此前後離開了羅馬，前往拿波里。事件的關係人在停止搜查的同時已相繼地離開羅馬，一定是想要早一日忘卻事件的他們，打算埋葬掉真相，使證據從世間消失，而且也被認為某種意圖在支配著他們，促使他們離開家園。然而，事件並不能那麼簡單地忘掉。八個月以後的一四九八年二月二十二日，駐在維內幾亞的非拉萊國的偵探戴拉・畢拿，寄給祖國如下的書簡：

「根據我所聽到的事情，康狄亞公爵（漢安）被暗殺，是兄長契札雷樞機卿所為。」

此時，契札雷的名字第一次浮上檯面，布吉亞家的人們重新受到好奇的注目。圍繞著莎嘉的契札雷與漢安兩人之間的糾葛，或圍繞著露克蕾琪亞的契札雷、漢安，甚至連教皇也捲入其中的複雜四角關係，糾結在一起，以至演變成殺人事件，也被傳揚著。

然而也有一個說法，比什麼都具說服力的是，對被父親授與樞機卿地位有所不滿的契札雷，想要從弟弟手中奪過軍隊指揮權，才殺了漢安。

（上）布吉亞家所支配的當時的羅馬市。右上方有文奇康宮。(下) 爲了祝賀露克蕾琪亞與喬文尼・史浩魯幾亞的結婚而舉辦的騎士比賽。

漢安的死訊也傳到待在修道院的露克蕾琪亞那兒，她的心中充滿了哀悼被殺的漢安的情緒，以及思考處於被懷疑的漩渦裡的契札雷的念頭。

此時，唯一能撫慰被攪亂得千頭萬緒的露克蕾琪亞的心的人，是美貌侍從貝德羅。在他擔任與文奇康宮的教皇連絡角色，屢次與露克蕾琪亞互通訊息的期間，兩人不知不覺地墜入了情網。

然而，這段戀情以悲劇的方式告終。當時，露克蕾琪亞已懷有貝德羅的孩子。

在那個時候，對拿坡里王位一向燃燒著烈火般野心的契札雷，正策劃著一等露克蕾琪亞的離婚生效了，接著準備讓她嫁給拿坡里王子。這個再婚計劃，並沒有讓身份較低的侍從出場的一幕，不可能讓侍從出頭而壞了計劃。況且，如果她懷了他的孩子的話……。

二個月後，發生了衝擊性的事件，貝德羅的屍體以脖子上綁石塊的悽慘模樣被人在狄威累河發現。不僅如此，為她及貝德羅居中牽線的女僕屍體，也同一天被人在狄威累河發現了。緊接著漢安，又發生殘暴的殺人事件，而且，這一次被傳說為兇手的，也是契札雷。

屍毒「坎他來拉」的威猛

因漢安之死而去掉樞機卿職位的契札雷，此刻開始明顯地表現出制霸全義大利的野心。

開始是要獲得拿坡里王國。為此，眼前的計劃是讓露克蕾琪亞嫁給拿坡里王國王子安爾方索，自己則與拿坡里王國公主克勞黛結婚。

於是，一四九八年的夏天，露克蕾琪亞與拿坡里王國王子安爾方索再婚。這一次是只有自家人列席的單儀式，但是，對她嬌嫩欲滴的美麗，聚集的人們都屏息斂聲讚嘆不已。

布吉亞家藉由這個婚姻與拿坡里王國聯手，想要對抗虎視眈眈地覬覦義大利的法國國王路易十二世。在名義上，實際上都成為布吉亞家支柱的契札雷，被父親教皇任命為教會軍司令官之後，立刻開始毫不留情地攻擊教皇領地周邊的羅馬尼亞地方。

另外，一知道路易十二世對拿坡里王國毫無野心，他就立刻拋棄拿坡里王國，迎娶路易十二世的表妹娜梵爾公主為妻，與法國結盟。而當趨附法國之後，拿坡里王室的人已沒有利用的餘地。也就是說，與露克蕾琪亞結婚的拿坡里王國王子安爾方索，已是無用的長物。

婚後二年的一五〇〇年七月十五日夜晚，路過聖彼埃特羅廣場的安爾方索，被一群武裝的男人所襲擊，頭部受到劍強烈的一擊，對全身沾滿鮮血而被載運到房子裡的爾方索，露克蕾琪亞高聲叫喊出悽厲的聲音。襲擊丈夫的真正兇手是誰呢?這即使不問也知道。然而，對偷偷地挨近的殺人者的影子，露克蕾琪亞感到非常地無力。

若說她可以辦得到的事情，則是以警衛兵戒備防禦房子的周圍，從拿坡里叫來名醫，與自己一起留宿在房子裡，看丈夫的病。

為了避免被人下毒，親手製作飲食……這一類的事情。身為布吉亞家的一員，露克蕾琪亞沒有理由不知道，為了殺害政敵而一向被使用的布吉亞家的毒藥是如何地可怕。

在布吉亞家，一直都研究著古代的毒物學，並下了許多工夫，終於發現了更為強力，可以隨心所欲地致敵人於死地的屍毒調合法。正因如此，露克蕾琪亞為了守護丈夫，拼命地專心致力於自己辦得到的事情，儘其所能而全力以赴去做。

不知是否因為有如此的背景，隔天早上安爾方索被襲擊的風聲在羅馬市全境傳揚開來，幾乎已經到了無人不知的地步。當然，市民心中的兇手名字是契札雷，但是，沒有一個人將那個名字放在嘴上，沈靜得令人感到害怕，連契札雷本身，也一直保持沈默。

露克蕾琪亞決心要派遣密使到拿坡里王國，讓國王將已逐漸地恢復健康的安爾方索領回拿坡里，而自己也緊跟在後面。教皇對阿爾方索的拿坡里之行雖也給予同意，但相信這個同意動作的她，心裡有疏忽大意的地方，也是不容否認的。即將出發的那一天，她被叫到二個房間之前的教皇房間去了，正是因為她太掉以輕心的地方。

就在一瞬間的事情，警衛兵突然蜂擁而至，闖進安爾方索的房間，將他壓倒在床上，用力地將他的臉按在枕頭上，準備讓他窒息。安爾方索的大聲喊叫被厚厚的枕頭所遮斷，很快地消失了。探知騷亂吵鬧聲的露克蕾琪亞，看見丈夫可憐的模樣，放聲悲鳴。

露克蕾琪亞儘管擁有姣好的美貌，但卻受到父親及兄長的擺弄。

之後，令人懼怕的殺人行動仍持續著。契札雷的堂兄布吉亞樞機卿是下一個犧牲者。

布吉亞樞機卿雖一直擔任教皇的特使，在羅馬尼亞各地發揮外交手腕，援助契札雷，但契札雷征服羅馬尼亞的都市時，偏不湊巧地遭受嚴重下痢的侵襲，一直躺在床上，可是，征服的消息一到來，為了致賀辭，他就馬上前往契札雷那兒，侍醫勸也勸不聽，沒有人阻止得了他，後來，在歸途中他離奇地死亡。

此時，契札雷是兇手的說法又再流傳於四地，「布吉亞樞機卿是被毒殺的」……流言傳佈於全羅馬。

產生如此數件悲劇性死亡事件的布吉亞家的毒藥，究竟是什麼樣性質的東西呢？關於這一點，除了「雪白、味道不錯的粉末藥物」以外，確實的內容並不得知。

然而，正如前述，布吉亞家的人們對自古以來即有的毒物學加入新的發現，給予新的研究，完成屍毒的調合法，是無庸置疑的。

從前的屍毒雖是採自蟾蜍的肺，但布吉亞家的人們當作原料的東西，是在撲殺而來的豬內臟上添加亞砒酸，然後將這些內臟弄乾，製成粉末狀的東西，即是著名的「坎他來拉」。

所謂的「坎他來拉」，在義大利文裡是「敲詐」之意，亦即有「讓人飲下毒藥，捲走貴重物品」之意的毒藥。它歷經長期時間仍可以一點點地使用，而且也能在一瞬間殺死對象。

據說，根據下毒的人所下的毒有多重，還可以決定對象的死期是一天之後或一年之後或……

，可以說確實是很方便的毒藥。

中毒症狀，是肌膚突然萎縮，全身失去力氣，沒有勁兒，頭髮變成全白，牙齒脫落，呼吸困難，渾身發冷，然後，有如發了狂一般地掙扎著，直到痛苦地死亡為止。

契札雷悲劇性的末路

布吉亞家的天下絕對不是永遠的，總有易人的一天。破綻是從教皇安列山德洛六世的死亡開始的。很諷刺的是，他也是因布吉亞家自己所調製的毒藥而死亡。

一五〇三年八月五日，教皇與契札雷被邀請到擁有廣大領土的柯爾內特樞機卿的宅邸。當時正值炎夏。一抵達宅邸，喉嚨乾燥的父子，兩人就要求喝冷水。此時，不知是什麼原因使僕人弄錯了，將毒藥放入他們的杯子。那些毒藥，是他們暗中帶來想要殺害柯爾內特樞機卿的東西。

教皇經過二星期的痛苦掙扎，終於死亡。腫脹得異常的屍體，幾乎已到了不能區別部位的程度。而且，非常令人想像不到的，從他的屍體的口中，泡沫「噗噗噗」地噴濺出來，就像從沸騰的鍋裡盛裝的食物一點一點地灑落、溢出一樣。

被委託處理屍體的人，害怕得幾乎不敢去觸摸屍體，猶豫著而不知如何處理。他們迫不得已只好用繩索綁綑教皇的腳，從死者的床上拖拽到墓地。

契札雷此時也徘徊於生死的邊緣。但是，他藉由自古以來即有的解毒法，剖開活生生的母騾子的肚子，將身體浸泡在熱騰騰而已成糊狀的騾血及內臟裡，在九死一生中，僥倖地保住一命。不過，他的頭髮脫落淨盡，如被徹底連根拔起般地掉得精光，變成醜陋的面貌，再也不可能找回以往的美貌，沒有一個人認得他。

從此時起，布吉亞家開始滅亡了。對之後契札雷的餘生，命運的女神不再微笑以對，不再眷顧他，給予他的只有悲慘的人生。

在以武力獲取的羅馬尼亞地方，相繼地發生叛亂，被新教皇裘里歐二世所逮捕的契札雷，接受了新教皇命令「從羅馬尼亞撤退全軍」的條件。

自此之後，契札雷的後半輩子都是從一個牢獄漂泊到另一個牢獄的旅行。

一旦逃脫出牢獄，他就投奔到內兄納文爾王的身邊，但是，與內兄們一起和一群豪門世家戰鬥時，他離開了同夥們，被敵人所包圍，最後終於被追得走頭無路，遭圍聚過來的追兵殺害，且被剁得碎碎的，死狀極慘。他死時才三十二歲，還很年輕。

一五〇一年，因契札雷的命令而與非拉萊公爵安爾方索，狄斯達第三度結婚的露克蕾琪亞，也接到了令人悲痛的消息。但是，露克蕾琪亞不流一滴淚地聆聽使者的報告。使者雖感佩她是個堅強的女人，但不流淚、放聲痛哭，正顯示她的心過於絕望。

第三章　孤高的鍊金術師　巴拉凱爾司斯

發生獲得「賢者之石」奇蹟的男人

施行奇蹟性治療的醫師巴拉凱爾司斯

十六世紀初期，德國德那烏河畔的大學城英果爾修達特，有一位市議員的女兒與生俱來就身體痲痺，無法步行。

很不幸地，她被整條街的醫師所放棄，過著絕望的日子。困擾至極的父親，聽說有位旅行醫師到訪這村子，立刻拜託醫師診察自己的女兒。

醫師認爲儘管這種疾病是缺乏「生命的精氣」，但仍有救，開始調合起稱為「阿左多」的奇怪藥物來。

吃了藥的少女，立刻睡著了，不久開始冒出大量的汗。治療之後，這位醫師與她的家人們一起坐在餐桌前進餐時，發生了令人更為驚訝的事情。

門突然被打開了，少女走進房間來。是的，她用理應不能動彈的腳，一邊紮實地步行，一邊說：

「真感謝您，醫生，我……開始可以走路了啦！」

少女的身體摔向醫師的腳邊，一邊流著淚，一邊獻上自己無盡的感謝。

這位旅行醫師，正是這段故事的主人公，巴拉凱爾司斯其人——。

如劃過十六世紀歐洲的天空，一閃而逝的彗星般的孤高天才巴拉凱爾司斯，自年輕起就一輩子持續地向固執己見、目中無人，頭腦冥頑不靈的學者們挑釁，找他們的碴。再者，他有一個習慣是說大話、吹牛皮，使對方如墜五里霧之中，丈二金剛摸不著頭腦。

他的本名是班佩司茲斯，後來在英語裡幾乎成了「誇大妄想症」（Bombast）的代名詞，具有「誇大其詞」的意思。

然而，那是否可以說他只是一個自我表現慾強烈的男人呢?絕不是如此。

就像從開頭的小插曲來看就可以明白的一樣，他正是一個適合於「天才」的名醫，說他是「天才」絕對相稱於他的醫術，一點也不為過。另外，他也是具有偉大知識的人，對秘法及魔術很精通、嫻熟。

要談論有關他這樣的事蹟及人生，首先或許必須從說明鍊金術開始才行。

原因是，巴拉凱爾司斯在身為偉大之醫師的同時，也具有一個面貌，亦即歐洲最高的鍊金術師，他將鍊金術的秘術當作自己治療病患的基礎。

鍊金術常被認為是「讓鉛、銅等金屬變成金等貴金屬的方法」。

的確，就某一方面而言這個定義並沒有錯，但實際上，為了一下子發大財而迷惑、利慾薰心的眾多鍊金術師們，不斷地追逐著一夕致富的夢想，也是不爭的事實。

不過，鍊金術的真正面目是那個時代的先端技術，甚至也包括了思想、哲學的綜合科學。而且，鍊金術師們雖嘗試了種種錯誤，從經驗之中學習，但仍建立了現代科學的基礎。

說起來，鍊金術是紀元前後在埃及的阿雷克沙德里亞發端，被阿拉伯的科學家所繼承，最後傳到歐洲是九世紀左右的事情，之後，還有一段如暴風般地席捲全歐洲的歷史。

鍊金術以埃及、阿拉伯為中心的地中海地方發生，無論如何是第一個要點。

嚴格地說，近代科學的知識，意味著歐洲（北方）的知識，一提到近代科學就不得不提到歐洲。相對於此，鍊金術的知識是產生於地中海地方（南方），兩者更具代表性。

這個「南方的知識」，正是「魔術般的知識，以將世界視為有機的統一體的、生命的躍動及情念為主旨的泛生命和諧的知識」的源頭。

其起源，一邊摻混了埃及與巴比倫的冶金術、希臘的自然哲學、海爾梅斯（希臘神話的天使）思想等宗教性知識，一邊生生不息。

也就是說，應該說是與笛卡兒以降的合理主義相同的宗教、魔術知識的一部份，也可以解釋為鍊金術。

如此的古代智慧，在二十世紀的今日再度受到科學界的批評，有新的評價一事，根本不必去看曾經大為流行的「新自然科學」、「新學問」，就很明顯清楚了。

而且，這些智慧最大的理解者、行使者，正是本書的主人公的巴拉凱爾司斯。

（上）畫家漢斯·霍爾拜印所繪的巴拉凱爾司斯的肖像
（下）治療患者的巴拉凱爾司斯。他在歐洲各地施行奇蹟性的治療。

因邂逅惡魔而獲得的奇蹟性力量

巴拉凱爾司斯所獲得的知識，確實是優艮卓越的嗎？關於這一點，只要看一看他所留下的無數堪稱奇蹟的治療病例，便可一目瞭然。因為那些病例的效果太過於驚人的緣故，人們開始恐懼，甚至到了傳出「他的知識是得自惡魔那兒的東西」的風聲。

雖有點冗長，但我試著來介紹他的生平吧！

一五三四年左右，巴拉凱爾司斯一走在英斯普魯克郊外的森林，從某處傳來呼喚他的聲音。

「我被關閉在橡樹的果實裡了，拜託您請讓我出去呀！」

他一看，路旁的大橡樹上懸掛著三個被十字架所封印的果實。哎呀，多麼可憐，惡魔被關閉在其中了。

巴拉凱爾司斯要求「可以治療一切疾病的藥物」及「可以將所有東西變成黃金的秘藥」，當作給予惡魔幫助救其一命的回報。惡魔一同意，他就用手術刀給惡魔解開橡果的封印。

他後退一步，等待著將會發生什麼事情？就在此時，一隻蜘蛛開始從洞穴裡爬出來，掉落在青苔上。之後不久，蜘蛛消失了蹤影，然後，一個骨瘦如柴、皺著眉頭、顯出一副愁眉苦臉模樣的惡魔站立著。惡魔一攀折樹枝、敲摔在岩石上，岩石就裂成兩半，而從那個裂縫之中出現了兩個小瓶子。

「藍色的那一瓶是黃金製造劑，白色的那一瓶是萬能藥。」

惡魔這麼一說，就賦予巴拉凱爾司斯一個任務，要他接下來去向將自己封入橡果的驅魔師，問他要不要一起去？

然而，巴拉凱爾司斯此時心生一計。

「驅魔師是具有能將您封入這種的洞穴那麼大能力的人，可是，以您的能力來說，要變身為小小的蜘蛛，潛入這個洞穴的模倣動作，大概是萬萬辦不到的。」

他一煽動、唆使，就眼看著惡魔變小了，再度潛入橡果之中。看見這番景象的巴拉凱爾司斯，立刻封上洞穴、蓋上印章，雕刻了十字架，然後離開了那個現場。受騙的惡魔又向人求助，讓哭泣的聲音給後面來的人聽到……。

在歸途上，巴拉凱爾司斯立刻試著試驗從惡魔那兒獲得秘藥。首先，他一試著將一滴黃金製造劑滴在手掌上，就眼看著黃色的水滴變重，變成了純金金塊。

另一方面，萬能藥一試著在中途落腳之看守狐狸的小屋，給因重病而苦惱的獵人試驗，獵人才僅僅喝了一滴就如做夢般地完全痊癒了——。

當然，如此天方夜譚般的奇蹟，就出色人物的傳說而言，絕不是稀罕少見的。

重要的是，巴拉凱爾司斯所一向施行的奇蹟性治療。以當時而言，如此的小插曲幾乎已被廣泛地談論。

也就是說，如此的故事是一個證據，證明了在他當時所處的時代，他是那麼傑出、厲害的醫師。

自十四歲開始的遍訪大學之旅

那麼，我們試著來臨近巴拉凱爾司斯的成長經歷吧！

一四九三年他出生於瑞士蘇黎世附近的艾恩喬迪隆。

其本名為班佩司茲斯。巴拉凱爾斯司並非本名，而是他隨便命名的名字，據說，具有自己比紀元前羅馬著名的醫學家凱爾司斯更優秀的意思。

他的祖父柯奧魯克是使徒約翰騎士團的團長，也參加過聖地耶路撒冷的巡禮朝拜，但是，回國之後被捲入政爭的漩渦裡，喪失共地位及財產。

他的父親威爾赫爾姆，在大學學習了醫學之後，按照當時的習慣踏上遍歷四方的旅程。後來，在他流浪飄盪於端士之間的一四九〇年，滯留於艾恩喬迪隆的寄居地，與那兒的小姐結婚。三年之後，巴拉凱爾司斯出生了。

據說，他所出生的地方位於被稱為「惡魔之橋」的橋旁。此事也似乎暗示著巴拉凱爾司斯的人生，令人頗感興趣。

一五〇二年，當父子兩人離開艾恩喬迪隆一地時，母親已不在人世。巴拉凱爾司斯本身從未談過一次有關母親的事情，以致到今日世人仍毫不清楚其母親究竟是什麼樣的人。

這一年，父子兩人前往開坎狄恩地方的菲拉哈，因為，父親將就任那兒的醫師兼礦冶學校教師。

菲拉哈是當時屈指可數的礦業都市，且擁有一座以強大的財力自豪的夫加一族所有的礦山。巴拉凱爾司斯曾在郊外的貝內狄派修道院學習，而根據某說法，院長正是神秘學的大家特里塔斯米烏司•浩恩•努邦哈諾姆。

特里塔斯米烏司雖是神學、歷史、生物學、文學等一切領域的大博學者，但作為魔術師也博得頗大名聲。因為皇帝馬克西密利安一世的緣故，被傳喚來行使讓亡故的皇后瑪麗亞降靈的法術，以及將阿雷克撒達王及西札等逝世的英雄從靈界邀來的法術。

或許，巴拉凱爾司斯的確被這位大博學者傳授了鍊金術的奧義也未可知。不管怎麼說，他當時似乎著手實踐鍊金術，也師事於在契洛爾擁有工作房的鍊金術師飛加，對鍊金術的秘密及化學器具的處理非常地精通。

一五〇七年，十四歲的巴拉凱爾司斯決心獻身於醫學，且決定遍訪德國、法國各地的大學，以作為準備。

在遍訪法國各大學之後，一五一二年進入義大利非拉萊大學醫學院就讀，一五一五年畢業。非拉萊當時是義大利文藝復興文化的中心地。

如此，便認為：巴拉凱爾司斯的神秘性的基礎，是少年時代被塑造成形的東西。

然而，值得注意的是，他紮紮實實地從基礎的學問開始學習醫學知識，逐漸地深入高深的醫學知識。

也就是說，他絕對不是後來傳言那樣的異端醫師，也不僅止於鍊金術師，當然也不是吹牛皮騙人的騙子。他的背後，確實曾有一段修行期間，從少年時代起他就被紮紮實實地栽培著，準備將來擔任醫師。

不斷地周遊各地，獲得了「賢者之石」

於是，修習了概略學問的他，即將踏入大周遊各地的時代。

一五一六～一五二四年之間，他離開瑞士，精力旺盛地漫步於全世界，到處遊走。他的足跡，竟遍及了德國、義大利、法國、西班牙、葡萄牙、英國、瑞典、波蘭、匈牙利及亞洲、中東、非洲。

不消說，義大利、中東、非洲當然是鍊金術的發祥地。因此，他或許在這些地方加深了鍊金術的知識也不一定。

另外，譬如在西班牙，所謂的歐洲大概也遭遇了不同的回教文化。西班牙系的猶太人，儘管一直與東方持續著關係，但理應傳承了西方的豐富知識。我們不難想像，這些西方的智慧，對巴拉凱爾司斯也形成助益。

在巴黎，他應該訪問了索魯邦努大學。在當時的巴黎，鍊金術師尼古拉•弗來明的著作，歷經一百年之久仍被熱烈地提出來討論。當然，他也應該留意到了。作為他的鍊金術的知識，或許又再更進一步地加強。

一五二一年，當他擔任昔日俄羅斯的軍醫，在黑海沿岸活動時，被侵入的韃靼人所逮捕，也渡過了一段俘虜生活時期。

幸而他與韃靼的王子很親密，能一起訪問君士坦丁堡。也有傳說，他獲得了鍊金術師都會渴望的「賢者之石」。

所謂的「賢者之石」，是具有將卑金屬變為金的力量的石頭，也可以說是鍊金術師們的「目標極致」，他們遭受苦難的目的，可以說全都是為了將這種石頭弄到手，成為自己無往不利的「法寶」。

但是，雖說是「賢者之石」，但這種東西當然並不是物質上所謂的「石頭」。它雖在鍊金術上一直被稱為至高的奧義，視為無上的智慧，但過去並沒有任何一個人將其實態明確化，公開它的真正面目。

巴拉凱爾司斯真的獲得了此一至高無上的睿智嗎？

對待惡魔有如自己的手足一般的男人

巴拉凱爾司斯或許果真取得了「賢者之石」，而有無數軼聞顯示，他曾經窮究過鍊金術的奧義，投注了極大的心血。

其中一段小插曲是，維也納旅店「里鷲亭」主人的一個兒子，與在旅店工作的年輕女孩墜入了情網而成情侶。

猛烈反對這段戀情的主人，某一天終於被迫面對要不要辭退女孩的問題。

但是，偶然碰巧在現場的巴拉凱爾司斯，說服了原本就打算饒恕、容許兩人的主人。

不過，因巴拉凱爾司斯拖欠住宿費而覺得極爲不痛快，非常厭惡的主人逼近他說：「既然你有閒工夫多管別人家的事情，有時間插嘴，那就請你馬上付帳吧！否則，我連你也一起趕出去。」

於是，巴拉凱爾司斯從腰包中掏出零錢，懇求主人說：「我這就付帳，我要鄭重地拜託您一次，原諒他們兩人吧！」

然而，主人勃然大怒地將零錢扔擲在地上，叫嚷著：「如果這些變成金幣，那我就考慮是不是要讓兩人結婚。」

巴拉凱爾司斯極為沈著鎮靜，命令道：「好，那麼你撿起這些零錢看看！」主人一邊嘀咕咕地說個不停，一邊撿起零錢，而才一撿起，零錢居然變成了金幣。

一眨眼的工夫風聲就被傳開了，因為實在太稀奇罕見了，客人紛至沓來地擁至旅店，爭相目睹能變出金幣的「魔術師」，住宿的生意大為興隆。據說，旅店老闆答應了兩個年輕人的要求，滿足了他們共結連理的願望。

但是，他因為本身具有如此令人驚異的能力，被傳說成「無論如何與惡魔必有所牽連」、「他一定與惡魔脫不了干係」。

有趣的是，巴拉凱爾司斯被描繪成：從未被惡魔所使喚、利用，反而動腦筋設下圈套暗算惡魔，讓惡魔上當的智慧者。而且，據說他甚至也三番兩次地去給惡魔絕對不可能的難題，以萬萬辦不到的無理要求找惡魔的碴兒，挑釁惡魔。

舉例而言，有時他會要求惡魔在伊恩河上架設橋樑。

然而，據說架設橋樑的方法必須能讓騎士一眨眼工夫也不用停下馬、下馬來，在馬行進的同時一直往前架設，之後別人也能使用那座橋，從過完橋的部份再相繼地破壞掉橋樑。

另外，惡魔也必須在三分鐘以內從堅硬的岩石挖掘隧道，其間要讓巴拉凱爾司斯能騎馬通過才行。

以如此的風聲為根據而傳揚開來的同時，也產生了一個疑問：他如何地進行從歐洲經地中海至非洲大陸，遍及全世界的大遊歷呢？關於此一疑問，也未出現明確的答案，沒有人說得出一個所以然來。

的確，生來好戰且敵人衆多的他，為何可以輕易地到一句話也聽不懂、一個人也不認識的異國各地四處流浪，走遍全世界呢？

而且，他每次訪問歐洲的主要都市時，都受到當地仕紳熱情、殷勤的歡迎，甚至還進而請一流畫家何爾文伊等人為他畫肖像畫。

一介的流浪醫師，為何可以受到這樣的待遇呢？

在此，也若隱若現地浮現了他與秘密結社的關係，彷彿就在我們眼前的情景，不僅止於他與惡魔的關係。

比方說，《巴拉凱爾司斯：被詛咒的醫師》一書的作者魯內•安蘭狄即一口咬定說，這個遍歷世界各地的行動，其實就是從一個秘密結社的支部到另一個支部遍訪各支部。

如果他真的隸屬於某個組織，那麼，他到歐洲某個地方時，只要讓組織的人看到他講黑話、戴識別的徽章，就可以請他們提供住宿處？在結社那一方面，理應也極為歡迎這位具有未知的知識，來自外國的訪問者才是。

不消說，以下當然並不表示有確實的證據，可以證明他曾經加入組織，然而，對巴拉凱爾司斯因為曾是被基督教、天主教視為異端的鍊金術師及神秘學學者所加入的秘密結社的一員之故，而有可能進行如此旅行的說法，我們不能不說它具有充分的說服力。

果真如此，那麼他也可以輕易地發現普通的旅行者所不知道的秘密途徑，迅速遍歷各地吧？如果他真的從結社的一個分部到另一個支部，沿著地下組織的途徑作旅行，那就應該更為方便了。

挖鑿岩石、架設橋樑之惡魔的傳說，或許可以比喻為秘密結社的秘密通道。

卓越的醫學理論是以鍊金術為基礎

不過，關於被認為巴拉凱爾司斯在此一遍歷之旅中所施行的奇蹟性治療行為，也留下了比惡魔更多的小插曲。

一五二六年，巴拉凱爾司斯滯留於修特拉斯布魯克時，發生了這樣的情形，瑞士巴塞爾的出版業者約哈內斯・弗羅貝尼伍斯（以人文主義的庇護者之姿而廣為人知），下肢罹患了惡性的疾病，一直臥病在床。

醫師們提出了切除下肢的建議，但截肢在當時是危險的手術。因此，名聞遐邇的巴拉凱爾司斯被邀請來了，他施行了完全不必切除患者下肢的巧妙治療，讓醫師們見識了他的高明醫術，醫師們為之大開眼界、嘖嘖稱奇，而他也得到弗羅貝尼伍斯的信賴。

當時，弗羅貝尼伍斯的宅邸是巴塞爾的文化教育中心，他的友人譬如宗教改革派的巨頭楚維古里、畫家何爾伊恩二世，及極為著名的人文學家伊拉斯謨斯．浩恩．羅狄爾達姆等人，都聚集於此。

向來經常因某種疾病而苦惱萬分的伊拉斯謨斯，自已似乎也趁此次機會接受了巴拉凱爾司斯的治療。至今仍留傳著這一位歐洲最偉大的學者與流浪醫師往返的書信。

「我無法奉呈相稱於閣下知識及技術的報酬，只能獻上我感恩的心情。閣下已將可以稱為我的分身的弗羅尼伍斯從死亡的陰影中喚回了，讓他不再深受病痛的痛苦，徘徊於生死的邊緣。請命運讓閣下長期留置在巴塞爾吧！」

得到了弗羅貝尼伍斯及伊拉斯謨斯這兩位知已，為巴拉凱爾司斯打開了遠大的未來，前景一片光明。

一五二七年，巴拉凱爾司斯因他們的說項而受聘為巴塞的名譽醫師兼醫學教授，位居受人尊敬的崇高地位。

那麼，所謂的他所施行的那項奇蹟性治療，是什麼樣的醫學理論呢？

希臘的哲人亞里士多德曾經主張：這個世界乃是由土、空氣、水、火所組成的。

巴拉凱爾司斯儘管大致上姑且承認了這個說法，但進而認為世界是由更具有根源性的三種元素所形成的。也就是使物質有可燃性的硫黃、使物質有流動性的水銀、使物質有凝固性的鹽這三種物質。他說，這個世界所發生的現象全都是這三種元素相互摻混而產生的。

舉例而言，火燃燒起來是怎麼一回事呢？

針對此一問題的答案，即是「首先，以藉由硫黃的力量而有火焰的產生，其次，因為水銀的作用而變成煙霧，最後，則由於鹽而殘留下灰燼。」

將這三種元素適用於人類身上，則硫黃相當於靈魂，水銀相當於精神，鹽便相當於肉體了。

人生病的時候，也就是這些元素的平衡崩亂、分離的時候。

而且，無論金、銀、銅、鉛，在包含著硫黃、水銀、鹽的成份上，全都是一樣的。

那麼，為何金是金、鉛是鉛呢？

這是因為，金所含有的三種元素與鉛所含有的三種元素，其中的種類及比例不同。

也就是說，金與銀是「健康」的金屬，鉛與銅是「生病」的金屬。因此，如果給予生病的金屬治療，那麼就會變成健康且完整的金屬。

而問到治療的方法，則正不外乎鍊金術中所謂的「賢者之石」本身。

調合了連死者都能使其甦醒的謎般藥品

擔任巴拉凱爾司斯助手的歐布利努斯，也觸及了有關鴉片酊（勞丹）藥丸的問題，有一番談話。

他說，那是「製成老鼠糞狀」的藥丸，且只能在一籌莫展、走頭無路時投與，而且，只有巴拉凱爾司斯才可以充分掌握、運用自如地使用這種藥丸。

事實上，歐布利努斯親眼看見，一些看起來即將死亡的人，拜此藥之賜而突然恢復呼吸，甦醒過來，他眼看著奇蹟在眼前發生，一個瀕臨死亡邊緣的人又復活了。

巴拉凱爾司斯在可能是用於鍊金術的實驗、火永不滅絕的石炭爐（鑲嵌在地板裡的方形火爐）上，咕嚕咕嚕煮開鹼、砷油、石鹼樟腦擦劑、昇汞油等來路不明的東西，東西沸騰之後，便製成如此的秘藥。

歐布利努斯曾經受命看顧加入有一點令人害怕之物質的蒸餾器，時時得瞄一眼裡面有何變化，瞟一眼石炭爐的情形。

不過，有一次他挪開蓋子的剎那間，被忽然冒上來的蒸氣及煙霧所衝擊，因而窒息、失神、不省人事，他說，被從頭澆淋冷水之後，才好不容易地甦醒過來。

巴拉凱爾如此的醫學知識的本體，以著作的形式被傳佈、遺留於後世。

巴拉凱爾司斯的代表作之一《大外科學》，第一部於一五三六年一月出版，第二部於八月發行，在不到數個月之間，就銷售一空，不僅如此，連當時匈牙利、波希米亞的國王，以及最後成為德意志帝國皇帝的菲爾狄內蘭德也被呈獻上一本。

的確，說此書「他所體悟的醫學知識及醫學理論的集大成是恰當的」，這一點終於被公開地承認了。

在所著的預言書之中使宗教改革成為衆矢之的

一五二八年左右開始，有關與以往的實用醫學書旨趣完全相異的魔法、預言等神秘性的主題頻頻地湧現，層出不窮，人們開始熱烈地討論玄學。

傳記作家魯內•安列狄寫了如下的一段話：

「他定居於街角的空屋子。以訪問過其老家的人來說，據他們說，他的屋頂被用占星術及神秘學的記號所密密地覆蓋著。

根據當地人的說法，巴拉凱爾司斯似乎經常舉辦神秘性的夜晚儀式。因此，開始了神秘的作業的他，接受了無數來歷不明客人的訪問。」

似乎從那時候之後，他才好不容易絕掉與昔日知己的關聯，開始創造新的人際關係。

時間很快地過去，到了《大外科學》出版不久的一五三六年八月，巴拉凱爾司斯就發行了預言書《今後二十四年間的預言》。

這本附帶了插圖的小册子，有一張如下的奇妙圖畫：

——一個僧侶被推落湖裡，四周的槍就端在眼前正朝向他，哀求著：「請想想辦法救我！」旁邊則寫著這樣的說明：

「因為淨是做恣意放肆、胡作非為的事情，所以可憐、悽慘的命運正等待著你！」

雖是宛如難解的謎題一般的圖畫，但這本書發行之後正好二十四年的一五六〇年，宗教改革的風暴席捲了全歐洲，天主教的神職人員們墮落的情況，受到了大大的非難，興起一片改革之風，神職人員的生活態度有了一番大轉變，但是，仍有一些不肖之徒破壞了宗教的神聖。

巴拉凱爾司斯或許是如實地預言了，畏懼如此事態的宗教者們的面貌也未可知。

向以往的醫學界扔擲挑戰書

然而，這裡有一張更值得注意的畫。王冠之上有薔薇花，花之上被畫上了一個「F」大字即是這張畫。

F這個字，大概是意味著「Fraternitas（朋友愛、同志愛）」吧？因此，這幅富有寓意的圖畫，被推測是在暗示薔薇十字軍，亦即十世紀初期公然地自稱是十字軍且到處宣揚，給予全歐洲震撼的薔薇十字軍。

以全世界的變革為目標的秘密結社，在巴拉凱爾司斯的時代暗中伸展其勢力，擴充網絡範圍，不斷地進行針對即將來臨的時代而準備，也不是什麼奇怪的事情。

因為如此奇妙的一致性，所以巴拉凱爾司斯與秘密結社的關係又再開始令人好奇，為何兩者之間處於衝突對立的狀態呢？

因此，一試著整理巴拉凱爾司斯的人生，就有如下的發現：

首先，從他出生到大學畢業的修行時代（一四九三年～一五一五年），藉由流浪飄泊而體悟各種各樣知識的大周遊各國時代（一五一六年～一五二六年），還有在巴塞爾稍微安定一點的時代（一五二七年），以及晚年的流浪時代（一五二八年～一五四一年）。

其中先前也說過的，想要藉由弗羅貝尼伍斯及伊拉斯謨斯的說項而就巴塞爾的醫師兼醫學教授的職位，登上崇高地位的那些年，對他來說，應該是轉瞬之間的輝煌時代，短促得一眨眼的工夫就消逝無蹤。

不過，他天生的性格便是將光榮、鋒芒視爲一瞬間的事情，並不是太過於在乎。

這個時期，教授群們遵照慣例要求他與當代的一流學者舉行公開討論。然而，他拒絕了此一要求。

這個動作，正是他醫學信念的提示，也正是對守舊之保守派的戰帖。他要挑戰積弊已久的醫學界。

「在科學之中，只有醫學是聖職，且是被認定為唯一來自神的賞賜。可是，今天可以幸運地實行此一神聖職務的醫師，其數日寥寥無幾。醫師所必要的，無論是學位資格、語言的知識，根本不必讀破萬卷書，醫學的知識，是關於自然的事物及其秘密的高深知識。」

並且，那一年的六月二十四日，巴拉凱爾引起了使與大學的關係更加惡化的事件。

那一天，巴拉凱爾司斯帶領數名學生，在人們面前，將當時被喻為醫學「寶典中的寶典」，阿維肯那所著的《正典》拋入火中。作為對舊權威的挑戰，這是再大膽不過的行為了。

於是，一五二七年末，正當他訪問蘇黎世之際，發生了致命性的事件。

某一個星期天的早上，巴塞爾的大聖堂、聖彼德教會、聖馬奇教會等處的入口，被貼出誹謗巴拉凱爾司斯的小冊子。

感到「事已至此萬事皆休」，無可奈何的巴拉凱爾司斯，迫不得之下決心捨棄教職。

描繪了巴拉凱爾司斯成功地創造出來的人造人「霍蒙克魯斯」的誕生的圖畫

怪異的行為惹人注目及其豪放的生活情況

如此一來不得不再度過著周遊列國生活的巴拉凱爾司斯，其日常生活似乎與我們一般人的常識相距甚遠，令人難以想像。

從與他一同逃亡的助手奧波里奴斯的手記，可以窺見當時巴拉凱爾司斯的生活面貌。根據這份手記所記載，巴拉凱爾司斯無論白天或夜晚都大口地呷酒，與在小酒館遇見的人們儘情地飲酒、唱歌，高聲喧嘩又大吵大鬧，不飲酒的時間，一天只有一～三小時而已。因為他睡覺時也不脫衣服就和衣而躺，所以衣服一整年都滿是污垢、灰塵。雖口袋經常空空如也，但隔天不知從哪裡弄到了錢，又再向人炫耀塞滿了錢包的金幣，賣弄他神奇的「法力」。

另外，巴拉凱爾司斯的肖像畫雖被描繪著他煞有介事地佩戴了長劍的雄姿，但他對那支劍的來歷若無其事地說道：「那是受贈於某位死刑執行人的東西。」

深更半夜裡回家時，他也一定片刻不離地佩帶著劍上床睡覺。但是，看起來似乎熟睡之後不久他跳了起來，從容不迫地拔出腰上的劍，像發了狂般地對著天空砍殺。奧波里奴斯說，他因此而坐立不安，深怕是不是將會被剁掉腦袋？

根據某一傳說的說法，那支劍有一個惡魔被關閉其中，劍柄上嵌入鍊金術師們拼了命搜求的「賢者之石」。

而且，有關巴拉凱爾司斯的怪異故事，還有另一件不能忘記的事情。那是創造「人造人」，所謂的「霍蒙克魯斯的傳說」。

他所想出來的「人造人製造法」，是這樣的：首先，將男性的精液放入蒸餾瓶並密封起來，然後置於活生生的馬的子宮裡。在溫暖的子宮中，精液立刻又開始活動著。

四十天之後，愈來愈有人形，很像人的東西出現了，而這個東西是透明且幾乎尚未具有實體的。一旦再進而將這個東西在人類的血液之中孕育四十週（用與母馬胎內同樣的溫度），就會誕生全然相同於從女性子宮生出來的，嬰兒的人造人（相貌沒有兩樣，只不過體格小了一點罷了）。

根據傳說，巴拉凱爾司斯使用自己的精液，實際上製造了人類的胎兒，讓人們觀看。

圍繞著自殺或他殺的諸多謎團

一五四一年，在長久的放浪生活之後，前往薩爾茨堡的巴拉凱爾司斯，九月二十四日在境遇不佳的情況下結束了波瀾萬丈的生涯。

然而，圍繞著他的死亡也流傳著各種各樣的風言風語。

舉例而言，有人認為加速他的死期的原因，是由於濫用裝入他片刻不離地帶著的劍柄上的生命靈藥所致，或者，是不是實驗中的水銀中毒所致等等……。

另外，也有一個說法是，巴拉凱爾司斯一直在實驗著死後復甦術。

預感到自己的死期迫在眼前的巴拉凱爾司斯，有一次喚來助手交給他靈藥，命令他說：「當我死後，將我的身體剁碎，塗上這個藥，將這些碎塊密封於容器內，九個月以後再打開。」

他死後，助手雖按照他的吩咐去做，但由於好奇心的驅使，第七個月他就抓開容器的蓋子。他瞄一眼裡面，容器底部有一個如小胎兒般的東西在蠕動著，而因為接觸了外界空氣的緣故，很悲慘地斷氣了。他如果按照巴拉凱爾司斯的指示去做，那麼，或許巴拉凱爾司斯會在這個人世上復活也不一定。

其他方面，也有一說法將有關他的死亡問題視為他殺。

事實上，到了十九世紀，塞麥林克博士曾在當局的許可之下挖掘出巴拉凱爾司斯的遺骸，而一試著調查頭蓋骨，就發現後頭部有疑似外傷的痕跡。

然而，之後安巴雷博士歷經四次進行了遺骸再調查的結果。說明巴拉凱爾司斯後頭部的傷痕是因為佝僂病所致。

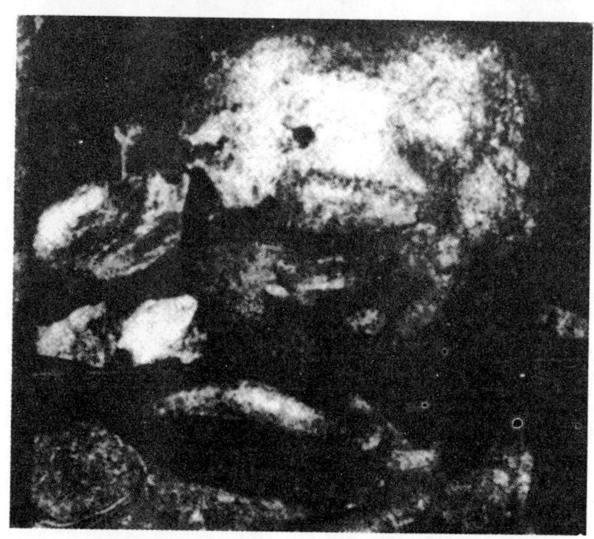

（上）晚年的巴拉凱爾司斯。（下）巴拉凱爾司斯的遺骨。因為頭蓋骨上開了孔，所以對他的死因抱持著疑問。

但是，關於此一見解也有許多反對意見。如果他後頭部的傷痕真的是佝僂病而引起，那麼，遺骸的其他部份不是也理應顯現此一徵兆嗎？

無論如何，巴拉凱爾司斯的一生都一樣，直到死亡為止仍深深地為謎團所包圍著，外人很難窺知全貌，明瞭其真正面目。

最後，我們也觸及一下他視爲歌德的《浮士德》一書中，浮士德博士的模特兒這個說法吧！事實上，巴拉凱爾司斯傳說及浮士德傳說，被看作極為酷似的魔術師傳說。

舉例而言，先前的架設伊恩河橋樑的傳說，與尼德蘭一地的浮士德傳說極為相似。浮士德這個傳說中的惡魔，也是一樣為了要騎馬通過瓦林布魯克到伯姆美這段路的浮士德，而架設橋樑，他通過之後，就立刻毀壞橋樑。

而且，實際存在的尤哈內。浮士德在其所生活的一四八〇年～一五三九年，是一個與巴拉凱爾司斯（一四九三～一五四一）大致上同一時代的鍊金術師、占星術師、黑魔術師。

另外，著作了這本《浮士德》的歌德是生活於十八世紀，書中的模特兒是巴拉凱爾司斯？浮士德？還是異想天開，憑空捏造的？浮士德與巴拉凱爾司斯是同一個人物嗎？

不管怎麼樣，在復甦術已告失敗的今天，這個謎團將會就那樣永遠地被封印下去，不得重見天日。

第四章　莎士比亞是何許人也？

薔薇十字軍乎？哲學家培根乎？
追踪被隱藏於世界偉大作家身上的謎團吧！

莎士比亞充滿了謎團的一生

提到十六世紀的英國劇作家莎士比亞，你大概知道他以名作《羅密歐與茱麗葉》、《哈姆雷特》等戲劇的作者而極為著名吧。被視為其著作的三十七齣戲劇、一百五十四首十四行詩集等等，在其死後經過將近四百年的現在，猶被全世界的人們所喜愛著、上演著。

威廉・莎士比亞於一五六四年出生在倫敦西北方美麗的河畔城鎮史特拉多弗德・英邦。父親原本從事屠宰商人，但後來因做羊毛、肉類、穀物等生意而獲得成功，有一個時期甚至還被推選為市議會議員。

然而，約從一五七五年開始，整個家族不斷地邁向沒落一途，當時仍是中學生的莎士比亞，被逼得陷入輟學的窘境。有人推察，他大概之後幫忙父親的生意，也有可能被送到父親商人夥伴那兒做學徒，服侍師父，真正的情形如何就不得而知了。

莎士比亞一五八二年十八歲時與年長他八歲的安・哈莎薇結婚。翌年五月生了長女，一五八五年則得到一對男女孿生子。

自一五八五年起的數年之間，有關他的記錄完全絕跡，找不到任何線索。傳記作家所稱的「莎士比亞被失落的時代」的時期，直到一五九二年為止仍持續著。

關於這一段空白期間，有各種說法。最普遍的說法即是，一直就職於某些工作（有向法律家見習、做豪族的僕人等等，說法不一而足）的他，在觀賞來自倫敦，四處旅行的劇團的舞台表演之中，決心朝向戲劇的道路前進，於是晉京上倫敦發展。

爾後，莎士比亞在當時待在倫敦的二、三個劇團的某一個，兼差幫客人看守馬匹，一般認為此一說法頗為可信。

無論如何，他因某種機緣而加入劇團，擔任一個不起眼的小角色，並代筆為前輩寫腳本，在這段期間，一五九〇年他二十六歲左右，他憑著《亨利六世第二部》建立了自己演員兼作家的地位。

再後來，他在一五九四年寫出《仲夏夜之夢》、一五九五年寫出《羅密歐與茱麗葉》、一六〇一年寫出《哈姆雷特》，以如日中天的氣勢相繼地完成了傑作。就這樣，莎士比亞在三十五歲以前就成為倫敦一般公認的流行作家，地位普受肯定。

現在我們所知道的莎士比亞的作品，便是他在倫敦的十餘年之間所寫成的。

另一方面，他也有極為擅長於創造財富的能力。一五九六年，父親買給他紳士的身份，翌年，父親購入史特拉多弗德第二大的大宅邸，一六〇二年又購入一百零七英畝農地，都是要送他的。

另外，他也留下了一個令人不可思議的記錄，頗費人思量。他以僅僅二先令的借款未償還為理由，對同鄉名叫羅傑斯的男人提起訴訟。

之後，莎士比亞於一六〇九年左右從劇團引退，回到故鄉，過著悠然自得的晚年生活。而一六一六年四月二十三日，他以五十二歲之齡猝逝。據說，原因是他經常與來自倫敦的友人，以及同為劇團作家的培恩・強森、馬克・德雷頓通宵達旦地飲酒作樂。

以上是粗略地追蹤劇作家莎士比亞的一生所得的結果。

後來有好一陣子他的名字完全被世人所遺忘。七年之後，他的紀念碑雖被建立在當地的教會，但當時史特拉多弗德的人們幾乎不知道，這個人就是在伊莉莎白女王面前表演戲劇的知名演員兼劇作家一事。

這究竟是怎麼一回事呢？

事實上，相較於他極為著名的作品群，有關作者莎士比亞本身的資料非常地貧乏。在這方面，他甚至沒有親手留下一冊日記、一封信函、一張紙條。

莎士比亞的實際面貌，被濃霧所包圍著，一直渾沌不明。因此，他死後還不到一百年之間，就開始有如下的說法在民間耳語著，成為街談巷議的材料。

「莎士比亞戲劇的作者，與史特拉多弗德出身的莎士比亞是不同的另一個人。」

關於莎士比亞的謎團，也與他的出身脫不了干係。

史特拉多弗德・英邦・埃波，至今仍留著他出生時的二層樓房子。他一五六四年四月二十四日出生在那裡。但是，這並不表示有這一類的出生記錄留下來。其根據在於，有記錄顯示他是在多利尼帝・查契接受洗禮的，而受洗的地方通常是出生地。

當時，一般的習慣是出生之後三天左右就接受洗禮。從這一點來看，將其生日推定為四月二十三日是有理由的。也就是說，由於他沒有出生記錄，因此僅能根據受洗的日子逆算。

但是，四月二十三日是聖喬治的主日（星期日）。即使不是事實，將聖人的紀念日比擬為自己的誕生日也是常有的。這個出生日，很有可能極馬馬虎虎地訂定，並無任何意義。

相稱於他充滿了謎團的一生，莎士比亞自其出生起即是曖昧不明的存在。

還有，從前述的小插曲中雖可以知道莎士比亞是個對金錢很貪心的人，但奇怪的是，他並未從自己最重要的莎士比亞戲劇中得到一分錢的收入。另外，莎士比亞戲劇的大半最初是以匿名的方式出版，他的遺族們，也未從那些版權中獲得任何一點利益。

頗令人百思不解的是，莎士比亞的遺言書也未提及隻字片語有關這些書籍、著作的事情，而且莎士比亞戲劇及十四行詩的親筆手稿，截至目前為止也仍未發現一件。

這是怎麼一回事呢？

位於多利尼帝・查契內圍的莎士比亞墓塚，被刻著這麼一句話：

「善良的朋友呀，切勿挖掘常眠於此的遺骨。我會給予不搬動這個墓碑的人祝福，給予搬動我的遺骨的人詛咒。」

想要挖掘墓塚，確定莎士比亞的真正面目的嘗試，以往也計劃了幾次，不過，每次都有許多人趨之若鶩，想要有所收穫。然而，到這裡而被明確地宣言：「給予搬動我的遺骨的人詛咒。」是不是連想實行都不敢想呢……。

結果，挖掘墓塚的嘗試每次在中途都受到挫折，未竟全功，今後大概也毫無可能被挖掘開來，也沒有必要去挖掘吧！

莎士比亞是哲學家嗎？

自此以後經過一世紀以上的一七七〇年代，名叫威爾蒙特的一位牧師，在史特拉多弗德附近的巴頓・奧恩・札・喜斯著手開始研究兩位劇作家，亦即莎士比亞及培根。

威爾蒙特首先想要獲得關於莎士比亞的十四行詩，在史特拉多弗德開始探聽、查訪的工作。但是，他沒有蒐集到任何期待中的資料。最重要的問題是，甚至連任何一個人都不曉得莎士比亞這位作家的存在。

遍讀過莎士比亞戲劇作品的威爾蒙特，這麼確信：作者必定是學習了廣泛領域學問的劇作家，且擁有大量的藏書無疑……。

因此，他一個挨一個毫不遲漏地調查了史特拉多弗德附近古文書的藏書，居然連一冊莎士比亞所曾擁有的書籍也未發現。

當然，也沒有捐贈給某處的記錄。會有如此奇怪弔詭的事情嗎？

經過長期研究的結果，威爾蒙特終於這麼作下結論：

「莎士比亞戲劇的作者，並不是莎士比亞本身。執筆寫這些作品的人，是同一個時代的另一位作家培根。」

對自己所得出的結論深感恐懼的威爾蒙特，自此以後的三十年之間一直將此一秘密隱藏於內心深處。但是，三十年以後的一八〇三年，到了八十歲時，他終於向故友莎士比亞研究家卡衛爾坦言秘密。

大為吃驚的卡衛爾，將此一奇說妙論告知當地文藝團體的夥伴們，將他們投入困惑的深淵中。

然而，爾後威爾蒙特留下遺囑，也交待後人：「將我所從事的莎士比亞研究這個吃力不討好的工作完全放棄，毀掉我多年以來所有嘔心瀝心的成果。」事件被視爲地方小城鎮的小漣漪，很快地被忘卻了。

但是，從此經過一世紀以上之後，某位莎士比亞研究者，在一九三二年二月二十五日《時代》報的文藝版上，介紹了威爾蒙特為「第一個主張莎士比亞即培根說法的人」。

而這樣的說法之所以會產生，說起來畢竟是因為「史特拉多弗德的中年紳士」與「莎士比亞戲劇的作者」兩者之間，沒有任何互相關聯的環扣，怎麼也無法將它們牽扯在一起。

正如前述，莎士比亞二十餘歲便以演員兼劇作家之姿大獲成功，成為倫敦上流社會的知名人士。四十多歲時，他便成為一個大富翁，回到故鄉來。

然而，這位成功者或許不曾帶一冊自己作品的印刷品回故鄉吧！

再者，莎士比亞的各種戲劇包括了宮廷社會、醫學、法律、博物學，外國情勢等內容，範圍非常地廣泛，從他所涉獵的領域，讓我們大略窺知他是一個供給讀者淵博學識及教養的人物，讀者從中汲取了養分。

莎士比亞作品中的語彙，據說達到十六世紀當時所有語言、辭彙的八成。因此，這若無龐大且深遠的知識，理應萬難辦到，絕對無法達成目標。

但是，偏遠鄉村的屠宰業商人的兒子，究竟在哪裡可以學習這麼淵博的知識呢？莎士比亞只不過是從鄉村中學畢業，而且他的雙親教育程度也不高，他的女兒更是個文盲。

另外，若調查莎士比亞的遺物，不可思議的事實就開始浮上檯面。

莎士比亞親筆寫的東西，現在留下六份，雖六份全都署了名，但可以從其中得知，他是個字跡十分地拙劣，以旁人眼光看來從未正正經經地寫出像樣的字的人。一般人莫不心想他是臨摹預先請人寫好的範本？抑或請別人代筆簽字？究竟何者令人臆測不已，他的字跡甚至到了如此拙劣的地步——。

還有，關於其署名本身，也有疑點。譬如，莎士比亞戲劇作品的書籍上雖被署名著Shakespeare，但演員身份之莎士比亞的親筆簽名，卻全都是Shakspere。

這些拼字的錯誤，有何重大的意義呢？想要暗示什麼呢？

分散鑲嵌於作品之中的奇妙密碼字

於是，如下的說法開始普遍地散佈。

「同一時代的文人法蘭西斯・培根，正是莎士比亞其人。」

提到培根，他是十六世紀英國有數的科學家、哲學家，就某種意義而言，是當時崇高的「超級知識份子」之一。

除此之外，劇作家馬洛及歐克斯法德等人，以及當時的文人，貴族等人，都被相繼地「舉薦」為候選人，候選什麼呢？當然是莎士比亞的「正本」。

另外，以莎士比亞之名發表的作品，據說不是一個人所作，而是數人共同創作，甚至連「複數說」的集體創作也冒出來了。

然而，其中無論如何都以支持「培根說」的人最有力，說法也最有根據。氣氛熱烈得到了組織「培根派協會」的團體，為了研究的雜誌也出現了。

還有，甚至連莎士比亞戲劇其實是法蘭西斯・培根為了寫完留下自己的哲學體系而編成的廣大密碼字，藏有暗號，這個劃時代的說法也出現了。威廉・姆亞於一九三四年出版的《莎士比亞》一書，便網羅了暗號解讀例子，以天下的怪名而聞名。

據姆亞說，莎士比亞的處女作《徒勞無益的愛情》於一五九八年出版，接著收錄於一六二三年的《浮士德・胡利歐》之中。這個一六二三年版的莎士比亞戲劇集，雖第一次未被區分出「幕」及「場」，但這裡有一詭異的地方。

《浮士德・胡利歐》的一二九～一三五頁，是《徒勞無益的愛情》的第四幕。接著的一三五～一三九頁雖應該是第五幕，但為何那上面依然被記載著「第四幕」。再者，這些頁數上，不斷地出現帶有謎題意味的奇妙文字。

這些有如謎題一般的文句，被當作「異國語言」，以義大利斜體活字的形式記載下來，其中之一有一節是Unumcita，似乎是拉丁語。

據姆亞說，則能明瞭單字Unum之中母音的「O」被省略了，這便成為un uomo cita（在英語裡，則是name a man。表示某個人的名字之意），莎士比亞自我告白說：「在這裡以義大利語隱藏了某個人的名字。」

所謂的「某個人」，是誰呢？姆亞接著注意到同一頁的「Ba Puericia、with a horne added」幾個字。對這幾個字產生不可解的質問：「如果在頭上加上角（horne），將A b

顚倒過來會變成怎樣？」而要解開此一問題的答案，若直譯則成為：「加了角（horne）的Ｂａ。」也就是變成Ba-horne。

因為「某個人」以義大利被隱藏起來，因此我們不妨來調查這兩個字的義大利字形看看，Ba在義大利語裡是表示「驚訝」的感嘆詞。而且horne的義大利語是corne。這麼一來，Ba-horne的義大利語字形，即成為Ba-corno。順帶一提，培根的姓名Bacon幾個字，在義大利語裡便拼字成Bacono。Ba-corno與Bacono的不同，僅僅只有ｒ一個字而已。

決定性的關鍵是，在此一問答之後緊接著的問題：「Quis quis thou Consonant？」這段文字。若直譯則成為：「誰？誰？子音的『您』是誰？」而且，Bacorno所包含的多餘的ｒ，的確是子音。

去掉這個子音時，這個「誰」便一目瞭然了：是Bacono，也就是培根。

密碼字的實體是薔薇十字軍的奧義嗎？

在「莎士比亞＝培根」說法的支持者之中，≪神秘學與薔薇十字軍≫的作者Ｍ・Ｐ・霍爾，在從薔薇十字軍方面倡言此一說法，是獨特而非凡的。

霍爾主張，從遍佈於莎士比亞所有戲劇的哲學理念來看，很顯然地這位作者精通於薔薇十字軍的教義。而且，他說近代科學之父、近代法的改正者，近代共濟會的創立者之一，也被認為薔薇十字軍地位崇高的參與者培根，正是莎士比亞戲劇的真正作者。

十六世紀英國的最高知識份子培根，的確充分具有撰寫莎士比亞戲劇所必要的知識及教養。培根是財政大臣賽西爾的外甥，歷經伊莉莎白女王及詹姆斯一世二代都受到重用，甚至曾被任命為司法大臣及大法官。

身為門第高貴、家世顯赫的宮廷人的他，當然無法窺知像莎士比亞那樣的一介演員，他對宮廷的人際關係及禮儀規範也都十分精通。

而且，相對於他曾經訪問世界各國這個大戲劇舞台，莎士比亞方面連一次走出英國到國外的記錄也沒有。

再者，莎士比亞戲劇的大部份當時尚未被譯成英文，是以他國的事件為基礎的作品。另外，據說在培根的藏書之中，莎士比亞戲劇裡所出現的奇聞軼事及引用文句，全都被包括在內。如果莎士比亞擁有培根的學識，那麼，他大概有充分的能力閱讀這些原書吧。但是，莎士比亞可能讀得懂這些書嗎？

根據資料，薔薇十字軍的最高會議進行所謂「密儀」的神秘儀式（＝哲學死）讓人死亡，而其中主宰者有數名神秘人物，專門主持儀式。

據說，參與「密儀」的人，時候一到就在神秘的環境之下偽裝「死亡」。實際上，別的

（上）莎士比亞
（下）哲學家培根。兩人果真是同一個人嗎？

屍體取代了他們被埋葬起來，他們使用假名，移居他國。

培根是不是也擔任「密儀」的服務僕役，藉著這個方法公然地抹殺自己的存在，從公眾之中消失蹤影呢？

培根被認為出生於一五六一年，一六二六年死亡。但是，一般也咸認，他的葬禮似乎是偽裝的，其實他已赴德國，在那裡使用假名，進行秘密結社奧義的普及工作，致力於推廣秘密結社。

如試著考量如此的背景時，對培根而言，當別人等事情，是不是簡單的呢？再者，服務、奉獻於「密儀」的人，是不是完全捨棄了個人的名聲，而培根是不是也一樣僅僅以其中一份子的身份生活著？也一樣以秘密結社成員的姿態，過著服務、奉獻的日子呢？

那麼，那些作品群是什麼？這當然是傳達奧義的暗號。作者作品的目的即在於此。

這麼說來，《歐密歐與茱麗葉》以降的莎士比亞戲劇裡，為何頻繁地出現「薔薇」這個字眼？

薔薇的徽記，自中世紀以來即一直常被使用。以法國古代傳奇故事《薔薇故事》為首，也屢見於鍊金術師弗拉麥爾及培根的書籍裡。它被回教寺院及歌德式寺院的薔薇窗（在格子上施用薔薇浮雕的圓窗）上，這種圖形也被利用來作為裝飾，也是衆所周知的事實。

薔薇原本是印度及波斯所產的花，與正統天主教世界相距甚遠，是芳醇的亞歷山大文化的象徵。因此，薔薇十字是代表東方秘教知識（薔薇）與基督教（十字架）所結合的圖騰。

薔薇十字軍成員，戴著黑色的十字架上搭配了紅色薔薇的徽章。黑色的十字架表示犧牲及苦難，紅色的薔薇則表示歡喜及報酬。

就像薔薇十字軍的創始者羅傑克洛伊曾經忽然從世間消失一樣，培根也忽然在歷史之中銷聲匿跡。而且，他被留傳下來的作品之中，隱藏著唯獨薔薇十字軍的成員看得懂的大量暗號。或許，至今世界各地仍有薔薇十字軍成員們假借莎士比亞之手傳達奧義吧？

大部份受到培根影響的書籍，在章節的前後都被發現特殊的漩渦狀圖案。這個圖案，是向被傳授薔薇十字軍的奧義的人們顯示被隱藏、掩蓋之知識的存在。

這個漩渦的形狀，只在一部份極其稀少的絕版本看得見，而且，這些絕版本全都含有培根的密碼字，與這個圖案同樣出現裝飾圖案的書籍，譬如史賓塞著的《妖精的女王》（一六一一年）或王爾德．羅利著的《世界史》（一六一四年）都是。

而且令人訝異的是，其實這個裝飾圖案在一六二三年刊行的莎士比亞的書中被發現。

但是，現存的莎士比亞的肖像畫幾乎彼此互不相似，簡直是完全不同的兩個人。這一點大概是這些畫家們幾乎不清楚他實際容貌的證據吧。

因此，這樣聳人聽聞的說法出現了。在莎士比亞戲劇一六二三年版的扉頁上，杜爾夏伍特畫的莎士比亞肖像，是臨摹培根的肖像畫，畫得栩栩如生。

舉例而言，如在杜夏伍特所作肖像畫上重疊一六四〇版《學問的進步》中的培根畫像，便可淸楚地發現：兩人的容貌完全一致！兩者之間根本看不出一點構圖成形上的相異點，有的只是帽子、下顎及髮型的不同。

杜爾夏伍特的肖像畫雖被視為極為粗糙，被莎士比亞的支持者所駁斥、退回，但這似乎企圖消去培根容貌的特徵，達到幾乎無法辨識的結果。

這張肖像畫，臉部與身體的連繫處很不自然，而不自然感出現在令人覺得脖子被支撐著的部位，而臉上則戴著宛如假面具一般。

這究竟意味著什麼呢？法蘭克・華茲烏德更進而指摘出：在扉頁上有1、5、7這幾個字。他說，這是薔薇十字軍的信號。

另外，作品被刊行的一六二三年這個年份加上LONDON的ON的O、N兩個字，則藉由簡單的數字暗號就成為培根的信號。

若將數字代換為希臘字母的二十六字母，1就是A，6就是F，2就是B，3就是C，1623即成為AFBC。若再加上O、N，則成為AFBCON，再重新排列這些字母，就成為F・B・ACON！

這麼一來，便愈來愈增添培根＝莎士比亞這個說法的真實意味，更具可靠性。在如謎團般的莎士比亞肖像畫的背後，暗藏薔薇十字軍秘密之奧義的培根，或許正竊笑著吧？！

第五章

牢獄中的貴公子
鐵面具之謎

當那個男人真面目被揭露時，
波旁王朝最大的秘密曝光了！

被毀容的鐵面具男人的末日

一七〇三年十一月十九日，在巴黎巴士底監獄，戴假面具的囚犯死了。

據說，望過彌撒之後，他突然身體不適，雖躺在床上，但隔天就匆匆地去世。主教甚至連授與終油（瀕臨死亡之危險病人的聖油）的閒工夫都沒有……。

這一天是叫「鐵面具」（最後被這麼稱呼）的一個犯人的臨終時刻。

那個犯人，不但被命令戴上假面具，而且在牢獄中被視爲特別的存在，受到特殊的待遇，與其他的犯人完全不同的生活。他被賦予專用房及食器，在這名囚犯面前，簡直貴族就近在眼前一樣，甚至連典獄長也不被允許坐下，得站著看囚犯。

儘管如此，但仍不表示那個犯人可以自由自在地行動。他被迫過著比普通的犯人更嚴苛的牢獄生活。

舉例而言，如果他想要多說廢話，可以當場殺了他。再者，就連吃飯也不被准許取下假面具，就那樣戴著面具進食。

也就是說，他絕對不現出真面目、不說話、完全被隔離，就這樣一直被監禁在牢獄裡。而且，這樣的生活竟然持續了三十四年之久。

他為何必須戴著面具，身繫牢獄才行呢？就巴士底監獄方面而言，也不清楚事情詳細的原委。

不過，只有一點很確定的是，這個囚禁行動，是根據當時國王路易十四世的命令而被實行的。

當時，法國藉由對外戰爭而反覆不斷地擴大領土，另一方面則成立了被稱為絕對王政的專制君主制，其君主路易十四世的治世，便成為屹立不搖的治世。

正如絕對王政的名稱，顧名思義，路易十四世的權威自然是響震全境。這位路易十四世國王，對唯一僅有的一名囚犯傷透了腦筋，耗費不少心血於如何囚禁這名囚犯，使用神經幾乎到了異常的程度。

既然是那麼危險的人物、那麼費事的囚禁行動，那只要殺了他就行了。但是，路易十四世並未殺他，國王只不過讓他戴上假面具，長期持續地幽囚禁閉他罷了。

究竟為什麼犯人未被殺害？再者，持續地以假面具隱藏自己身份，到底有什麼樣的意義呢？

囚犯死後，巴士底監獄採取了十萬火急的非常手段。

首先，囚犯所使用過的家具被燒掉，其灰燼被丟棄到廁所裡，衣服、寢具也被丟入爐子裡。

金屬製品被徹底地熔解，獨居的牢房牆壁塗掉，再進而被亂塗得白白一片，而且塗了好幾層，連地上的瓷磚也被剝下來，重新換貼新的瓷磚。

有囚犯痕跡的物品，都徹底地毀棄。

而且，戴著假面具之囚犯的屍體，悄悄地被埋葬在巴黎聖保羅教會的墓地。此時，棺木中的屍體也被悽慘的毀容，令人不忍卒睹。

被囚禁的獨居牢房是特別製造的

這個被戴上假面具的犯人究竟是誰呢？

這個問題從以前就不斷地談論著，眾說紛紜而說法不一，在此，我想介紹代表性的兩個說法，以及近年的歷史家們長期追蹤出來的最新推理。

在介紹之前，首先說一說這個囚犯來巴士底監獄之前的事情吧！

若試著調查記錄，就得知謎般的假面具男人是以「尤斯達修•杜傑」的名字被埋葬。當時這個在巴士底監獄終其一生的人，被冒名假埋葬了事，因此，在後世的歷史研究家們之間被認為這個名字並不是真正的名字（這個問題，在鐵面具的真相究明上成為重要的問題。關於這一點，將在後面敘述）。

描繪了被關進監獄的鐵面具的圖畫

然而，即使是假名，但藉由追蹤這個名字出現的記錄，仍可以知道假面具犯人在來到巴士底監獄之前的種種事情。

在有關當時監獄的文件之中，尤斯達修•杜傑這個名字第一次出現的時期，是一九六九年七月十九日，而出現的地方，則是陸軍大臣魯渥華寄給當時畢內羅爾監獄的看守長撒恩•馬爾的信函。

畢內爾監獄位於義大利西北部阿爾卑斯山半山腰的街上，在十七世紀當時，是街道全被城牆所包圍的堅固要塞。建造在那裡的建築物，即是畢內羅爾監獄。

我們來讀一讀問題信函看看吧：

「撒恩•馬爾閣下，我憑著勒命讓人護送變成尤修達修•杜傑的人到畢內羅爾監獄。最要緊的是，最好嚴格地隔離這個人，別讓他向別人說自己的事情。

之所以事先連絡您，是因為希望您準備一間收容這個人的獨居牢房。透光的窗子要設在任何人都無法接近的方向，要用監視兵們聽不見一點聲音的多重門，飲食每天一次給予一天份的東西，你自己本身將飲食送到這個人身邊。一旦有任何事情，不要聽這個人企圖對你說的話，你本人如果也多說廢話，就會被嚴厲地宣判死刑，小心為妙！」

藉由這封信，我們或許大致明瞭，對假面具犯人的下獄相關人事耗費了許多腦筋，甚至已到了過度使用神經的地步。

一六六九年，被關進畢內羅爾監獄的鐵面具犯人，一六八七年與撒恩・馬爾典獄長一同被移送到南法康努灣的聖馬格利特島。

撒恩・馬爾在給當時陸軍大臣魯渥華的報告書中如此寫道：

「將囚犯運送到島上時最安全的交通工具，我認為是用塗上蠟的布包裹的籠子。為了避免囚犯呼吸困難，裡面要空氣流通，外面的任何人都不能看見他，不可以與他交談！」

籠子的護衛後面，跟隨了四、五名士兵，而搬運籠子的八名捆工，則是特地花了大筆錢從義大利的都靈雇來的（這是因為，都靈的苦力不懂囚犯所說的法國話）。

聖・馬格利特島約有十二間牢房，以及收容守備隊的大建築物，但是，獄方花費了七千二百盧布的金額，建造了特別的監獄。

至今仍留著的那間獨居牢房，是一間可以極目遠眺康努灣，有二公尺見方的窗子，及高四點五公尺的天花板，面積三十餘平方公尺的房間，乍看之下，似乎是明亮的房間，但是，已知窗上嵌著縱橫的格子，門則弄成三層門。

爾後，十一年之間被囚禁在那間聖・馬格利特島的獨居牢房的男人，被送到他最後在那裡死去的巴士底監獄去。

戴著假面具的囚犯，第一次被運送到巴士底監獄來的時間，是一六九八年的事情。

假面具囚犯所乘的轎子一抵達巴士底監獄的門口，城塞周圍的商店大門就全都關閉，為了不讓門衛們看到囚犯的臉孔，獄方命令他們將臉朝向牆壁，恭恭敬敬地迎接轎子。

當時的巴士底監獄國王代理官狄歐・傑恩卡如此記述：

「九月十八日星期四午後三點，巴士底監獄的新司令官撒恩・馬爾先生，從聖・馬格利特島調職過來。

先生的轎子裡，載運了在畢內羅爾被託付給他的一名舊囚犯。犯人被戴上假面具，連真面目也被保密，沒有人知道他的身世、來歷。

晚上九點時，副官德・羅札喬先生的跟隨、看顧之下，我將這名囚犯送入了貝爾多塔的第三獨居牢房。遵從司令官撒恩・馬爾的命令，那個房間的家具全都是預先備齊的。

羅札喬先生照顧囚犯身邊的事情，而司令官則照顧囚犯的飲食。」

總而言之，凡事都前所未有，是打破慣例的待遇。囚犯被分配了特別的房間，由司令官親自照顧——。很顯然地，因這名囚犯是個非常人物。

因路易十四的畏懼而讓其戴上鐵面具

雖是片斷而殘缺，但關於那名假面具囚犯的小插曲仍流傳著數則。

首先，巴士底監獄附屬的馬卓蘭醫師說，抵達巴士底監獄時聽到那名囚犯說：

（上）鐵面具的囚犯瀕臨死亡之前一直被關在其中的巴士底監獄。

（下）最初被關進去的畢內羅爾監獄。

「我自己大約六十歲左右。」

如果這是真的，那麼他就是出生於一六三八年了。這一點意味著，他與路易十四世是同一年出生（雖後面會提及，但在此先說明，這個事實，結果產生數個圍繞著鐵面具真相的臆測之說）。

再者，囚犯之一的某修道院院長，曾聽見囚犯說：

「我一直到處旅行。」

另外，撒恩・馬爾屬下的步兵隊軍官德・布蘭維里艾爾，無法克制對這名囚犯的興趣，終於在某個晚上偽裝成步哨，在監獄前面站崗。

此時，他窺見了假面具男人的模樣。他肌膚白皙、身材魁梧健壯、白髮冒出來……。

宛如理所當然的事情一般，圍繞著這名囚犯的各種流言開始散佈了。

國王的失蹤兒子說、國王的孿生弟弟說，王妃的私生子說……。每一種說法都出現了。

但是，流言有一共通點。那就是路易十四世給囚犯戴上假面具的理由。

據說，那是因為那名囚犯的容貌與國王的容貌酷似，兩人幾乎一模一樣。

但是，儘管他的容貌與國王多麼地相似，也沒有道理僅因如此原因就被下獄，不應該也不可能是這個原因才是呀！

那麼，為什麼呢？

對這個疑問，以法國的啟蒙思想家之姿而聞名的伏爾泰，首先提出了臆測之說。

有關謎般囚犯的出生與王宮的秘密

伏爾泰於十八世紀後半期發表的假說，是如下的內容：

「假面具男人，是路易十四世的父親路易十三世的王妃安娜，與當時的宰相馬札蘭樞機卿之間所生的私生子……」

路易十三世在性方面是個無能者，他與王妃安娜的關係不睦，「王妃與宰相馬札蘭有不倫的關係」的風聲，當時一直被耳語著。

伏爾泰寫道：

「在此之前王妃與國王之間未生育孩子，王妃雖確信不是自己的緣故，但就私生子的誕生流言而言，已知並不是如流言般那麼一回事。」

被王妃坦白說出老實話的樞機卿的黎修里約，為了讓國王相信先前所出生，已被隱匿起來的孩子是其親生子，製造了國王與王妃偶然同床共枕的機會。然而，由於這一夜所發生的事情，很諷刺地，安娜真的懷孕了。

後來出生的是路易十四世。因此一事實而驚惶失措的樞機卿們，為了不讓國王知道，便將先前所出生的私生子隱藏在別處。時間流逝而去。長大成人的路易十四世，不久就知道有一個長得與自己一模一樣的哥哥。爾後，路易十四世害怕兄長來要求王位，所以逮捕了兄長給他戴上假面具，並囚禁在牢裡。」

以上是伏爾泰的說法，此一假設性說法在當時的法國引起了一大震撼，捲起議論的風暴，轟動一時而令人印象深刻。

這個說法的可靠性，我們一定要在後面檢討一番，先來看看以下的鐵面具＝孿生弟弟的說法吧！

伏爾泰聳人聽聞的說法，發表之後約一百年的一八四七年，作家亞歷山大・大仲馬發表了小說《三劍客》。在這本小說裡，記載著假面具男人的真面目。

「假面具囚犯是路易十四世的孿生弟弟。此事司令官撒恩・馬爾記述過，被登載於某一機密文件上。」

這是大仲馬所主張的「真相」。

所謂問題中的機密文件，法國大革命之後在外交部的記錄保管室被發現了。根據此份文件的記載，「路易十四世誕生的時間，是一六三八年九月五日中午十一點左右，弟弟誕生的時間，則是那一晚的八點半左右。」

據說，其實在此稍早以前，巴黎出現了兩個養羊人，預言道：「如果王妃生了雙胞胎，

（上）將鐵面具囚犯關進監獄的路易十四世。其理由究竟為何？

（下）描繪了在獄中死亡的鐵面具囚犯模樣的圖畫。

那麼國家或許將會滅亡。」

也是關於此事的資料，據說，被國王找去商量的樞機卿黎修里約曾忠告國王：「王妃一旦生了雙胞胎，那就非得讓第二個孩子從世間消失不可，因為，他總有一天會來要求王位也說不定。」

被聽了此一忠告的國王暗中隱藏起來的孿生兄弟的弟弟，出現在當上國王的路易十四世的面前，後來，更由於路易十四世而被逮捕，身繫牢獄而成為戴著假面具囚犯——這是大仲馬的說法（正如大家所瞭解的，這是以假面具囚犯與路易十四世同一年出生的事實為前提的某項臆測之說）。

那麼，我們試著來探討一下以上兩項鐵面具真相說的可靠性吧！

首先，伏爾泰的「王妃安娜的私生子說」，在目前被認為可靠性很高。理由是，關於囚犯的死亡年度及撒恩•馬爾前往巴士底監獄赴任，記載上有頗多謬誤之處。

再者，當時王妃的生產是在全部宮廷大臣的眼前進行的，要將嬰兒隱藏起來讓其從此失蹤，是不合乎道理的。另外，儘管王室的庶子被關進牢獄，但是被授與領地及年金是稀鬆平常的事情……，諸如此類的理由被一一地列舉出來。

那麼，大仲馬「路易十四世的孿生弟弟說」又如何呢？大仲馬的這個說法，雖是以在外交部的檔案室被發現的文件為根據而推理出來的，但「這份文件是偽造文件」的說法，也很使人信服。

其理由是，如果撒恩・馬爾首先知道這樣的事實，那麼，基於職責記錄此事的行為理應被嚴格地禁止才是。

再者，因為樞機卿黎修里約從一九三八年九月五日～十月二日之間，滯留於聖・康當，不應該也不可能待在王妃生產的現場，此一事實被後世的歷史家們究明。

根據以上的理由，可以知道無論伏爾泰說或大仲馬說都不可靠，事實的真相似乎沒有一定的結論。

果真如此，那麼，鐵面具囚犯就要那樣一直被當作謎團，擱置不管嗎？不，對那個囚犯之真面目的解明，諸多新的臆測之說，從令人意想不到的地方浮現了。

終於被揭露了！鐵假面的秘密為何？

我之所以說「從令人意想不到的地方浮現」，是因為以那個囚犯被埋葬時的名字、被偽造「尤斯達修・杜傑」的假名為線索，謎底就被解開了。

法國某位歷史家追蹤了國立圖書館的古文書，最後終於究明了一件事：路易十四世的親衛隊士官中有一個名叫尤斯達修・杜傑的人。囚犯所用的名字是假名。

若試著調查他的記錄，雖有出生記錄，但為何死亡記錄就付之闕如?而且，有關他的消息自一六六八年起就下落不明。提到一六六八年這一年，那不正是假面具囚犯被關進畢內羅爾監獄的一年以前嗎?!

這個尤斯達修是個放蕩不羈的人，經常引起爭吵及決鬥，他的糾紛、鬧事，讓家人極為棘手也困擾不已。而且，據說他在王宮大庭院因喝酒而引起流血衝突，被親衛隊的士官所撤職，也被禁止出入宮廷。

之後，他的荒唐行徑似乎愈來愈嚴重，一味地放縱自己，逐漸地落入借貸度日的地獄，窮困而潦倒。

因此，歷史研究家們認為：變得一文不名、被家人所放棄的尤斯達修，是不是因某件事情企圖敲詐路易十四世而被逮捕、被囚禁?他們覺得看起來似乎很有可能。

而且，他們說他想要敲詐路易十四世的證據，正是動搖波旁王朝的重大秘密。

其秘密為何?

據說，尤斯達修是路易十四世同父異母的兄弟。

的確，現今仍留著的尤斯達修肖像，與路易十四世長得一模一樣。正因為如此，歷史家們才推測路易十四世給他戴上假面具，隱藏其容貌，想要掩蓋事實的真相。

路易十四世暗示他一直受到勒索、恐嚇，有人企圖推翻王位，也都是事實。

路易十四世年輕時候雖是不愛操心太多的性格，心思並未放在顧慮事情上，但即位之後就變得判若兩人一般。

在他身邊侍候的護衛士，特地雇用外國人，讓特務們偵探高官們的行動，只對很少數的心腹放鬆警戒心，他只要一有一點點懷疑的地方，就立即下毒害死身邊親信。

如上所述，一般認為，路易十四世之所以整個人都變了，是因為出現了威脅到自己王位的人。

出現的男人，是同父異母的兄弟尤斯達修・杜傑。他父親的名字，是法蘭宗華・德・卡渥亞（他的家族姓氏雖是杜傑，但取擁有畢卡狄地方的領地之名，經常被稱呼為卡渥亞）。他曾擔任過路易十三世的副官。

擔心路易十三世沒有生下一男半女作為繼承人的宰相黎修里約，考慮推派人當代理父親，提供精子讓王妃安娜生孩子。而且，據說被選擇為擔任「種男」角色的人，正是這個法蘭索華・卡渥亞。

於是，王妃與卡渥亞之間所生的孩子，平安無事地即位為路易十四世。但是令人困惑的是，路易十四世與卡渥亞家的孩子們一模一樣地成長，彼此的生活習慣、方式都極為相似。懷疑這件事的卡渥亞家的三子尤斯達修，知道了上述的重大秘密。此時，他正處於借貸度日的窘迫境地，有如身陷地獄一般，因此，他才想到向路易十四世敲詐一筆錢……。

一六六九年，尤斯達修以此一秘密為材料，藉口勒索、恐嚇「異母弟弟」的國王。據說，感受到危險的路易十四世，在事情尚未擴大之際逮捕尤斯達修，送入牢獄。而且，他給「異母哥哥」戴上鐵面具，三十四年之間持續地囚禁他……。

以上是近代歷史家們，不斷地追蹤關於鐵面具所得出的推測。

不過，這個臆測之說仍不完整，算不上完美。有關鐵面具的事實，今後或許仍會不斷地被發現。憑藉這一點，這個臆測之說應該再被另外重寫才是。在尚未做到這個程度之前，因鐵面具而被掩蓋的謎團，仍是令人深為恐懼的東西。

第六章

拿破崙被某種看不見的力量所操縱嗎？

關於絕世英雄的謎團與迫臨而來的疑惑？！

為了追求古代的智慧而前往埃及

一七九八年五月，達到一千二百四瓜、一百七十一門砲、三萬五千名人員的大軍，從法國一路朝向埃及而去。

這是世界上名氣響亮的拿破崙遠征埃及的開端。

率領大軍的人，是法軍司令官拿破崙•坡那巴特。他出生於科西嘉島，以弱冠的二十九歲年齡，就完成此一壯舉。

在灼熱的大太陽曝曬劇烈、夾雜砂礫的風吹襲之中前進的一行人，終於抵達到一心渴望、目標中的大金塔，踏上夢寐以求的地方。

於是，拿破崙發言了：

「諸位！你們一直藐視著四千年的歷史！」

這一句話極為有名。

但是，拿破崙遠征埃及的目的，不消說並不僅止於遊山賞景。

毋寧說，拿破崙的真正目的，只是好歹讓其事業就緒，有好的開端。

自古以來，埃及的金字塔便基於其偉大及神秘性的理由，而一直被列入「世界七大奇景」

的第一名。

回教文明及東方文明所具有的神秘性，對歐洲人而言，無盡憧憬的目標。而拿破崙此刻已站在埃及的土地上，站在古代文明的發祥地、諸多智慧匯集的地方。他為了這一天，帶著普通的海外遠征無法比較的學者同行。人數多達一百六十七名，以居於團長地位的幾何學者菲力埃為首，學術界第一線上的研究者，帶來了遠征行動的名聲，成為衆所矚目的焦點。

為什麼拿破崙讓這麼多的研究者隨行呢？不，應該說遠征埃及的真正目的是什麼？他達成了目的嗎？有何成果？

在金字塔之中渡過的謎般的一夜

正如衆所周知的，埃及是法術的發祥地，讓死者復甦的法術、賦予繪畫及雕刻生命的法術、鍊金術、操控自然的法術等等，許許多多的法術一向被實際地施行。雖也有隨著時間的經過而一起消失的法術，但其隱藏於無形的力量被持續保存著。

被視為以壯大的金字塔建築為代表物的古代埃及，其實是以「魔法及詛咒之國」而聞名。埃及的魔術師們，被邀請到古代美索不達米亞及亞述等國，受到殷勤的招待，向那裡的王族們教示法術，想當然耳，拿破崙也想要獲得這些古代的智慧，將它們據為己有，自不在話下。

即使說他讓眾多研究者隨行是為了這個目的，也一點不誇張。最後，他雖也藉由研究者們著述了《埃及誌》等研究書籍，但這些書籍毋寧說只有副產物的意義。此刻，拿破崙一個人獨自在金字塔內渡過了一夜。他身旁的某個人將當時的情況這麼記述著：

「……我們被嚴令禁止，任何人都不准靠近金字培。於是，當令人覺得無限漫長的時間過去，曙光當頭照下來時，拿破崙顯出着白的臉色，以一副失魂落魄的樣子走了出來。他完全喪失了理性。而且，他有如說著夢囈一般，只是反覆不斷地說著：『我看見了未來的幻影。』

之後的三天間，誰也不想見拿破崙……」

拿破崙果真在金字塔之中看見了什麼嗎？

他已像阿波羅尼瓦斯及畢達哥拉斯那樣，在這裡大量獵取了許多神秘家所體驗過的古代智慧的一部份呢？

無論如何，以這一夜為契機，拿破崙一下子加深了對超自然、不可知的神秘學的傾慕，愈來愈有興趣追求玄妙的事物。他的周圍，開始可以經常看見占星術師的存在，開始擔任決定其政策的重要任務。

（上）在遠征埃及時調查了金字塔裡之石棺的拿破崙。
（下）授與妻子約瑟芬后冠的拿破崙

拿破崙在埃及滯留半年之後，接著不斷地將他的魔手伸向東方世界。同一年的一七九八年，他進侵敍利亞，之後，連以色列、拿撒勒、海法等聖經中熟悉的地點，都成為他的舞台。

拿破崙受到星星的守護?!

一七九九年五月，亞卡被奧斯曼帝國及英國的聯軍所打敗的拿破崙軍，開始向開羅撤退。拿破崙於同年八月十八日暗中逃出埃及，踏上回國的路途。

然而，對拿破崙而言，已經沒有任何值得從那個地方學習的事情，因為，藉由在金字塔中渡過的一夜，以及進而持續不斷地往東方世界遠征，他獲得了如同他熱切盼望要弄到手之智慧一般的東西，那些東西就掌握在他手中。

他一邊驅使弄到手的神秘力量，一邊擴大勢力，以後，拿破崙順利地登上階梯，不斷地往上爬升。

有時，左右國家命運之類的重大事項，也僅僅藉由夢境的解析或占星術就被決定了。不過，歷史證明了一點：他決定的每一件事都是正確、恰當的。

但是，家臣之中也有人並不認為拿破崙這樣的做法是對的，覺得很不高興。他們儘管在內心裡輕蔑拿破崙，但要他們倡言異議卻做不到。原因是，根據那些「天啟神諭」，拿破崙在戰爭中尚未敗北過一次……。

某一天，拿破崙的心腹部屬之一菲茲修曾經想要陳述作戰上的意見。然而，拿破崙完全不願意聽。而在片刻的沈默之後，他將菲茲修帶到宮殿窗邊的地方，這麼問道：

「菲茲修先生，你看得見那顆巨大的星星嗎？」

當時是日正當中的晌午。菲茲修搖了頭。

「不，什麼也看不見。」

「是那樣嗎？那顆星只有在我看得見的時候，才能完全順利地運行。因此，我根本沒有必要傾聽別人的意見呀！」

拿破崙究竟學習了什麼駭人聽聞、不合邏輯的力量呢？！

抑或，魔術性的力量完全是藉由別的東西，譬如遠比人類的智慧更為高明、甚至也可以稱為「看不見的意志」之類的未知力量，而被推動、發揮作用的吧？

腓特烈大帝所看見的奇妙夢境

一七六九年八月十六日的事情。普魯士的腓特烈大帝早上一醒來，就立刻召請宮廷專屬的占星術師到身旁來，這麼說道：

「其實是我昨晚做了一個奇異的夢。一開始，我的王國上有一顆大星星閃耀得格外美麗。我若一直凝視著那顆星星，接著，在比它更高的地方就有別的星星出現，開始閃耀，壓倒了我的星星的光芒。

而且，在彼此互相爭輝之後，我的星星就像輸給對手的星星一樣，失去光芒，殞落地上……。這究竟是什麼意義呢？」

占星術師雖稍微猶豫了一下，但不久就覺得誠惶誠恐、畢恭畢敬地說：

「卑職認為，陛下的夢境或許是在暗示，這個普魯士只是暫時性的存在，遲早會變成他國的領土……」

一聽了這番話，腓特烈大帝顯出不愉悅的臉色。

「可是呀，這個還有接下來的『續集』，那兩顆星星的爭輝更進而持續下去，而且最後是我的星星獲得勝利，又再開始在空中閃爍發光，對方的星星則消失於黑暗之中。

那麼說來，你的意思也就是這個普魯士受到他國的支配嗎？」

占星術師彷彿很困擾、很為難似的，答道：

「是的，在一眨眼的工夫之間就會受到他國的支配……，那一刻就快來臨了……」

於是，腓特烈大帝完全被得罪了，很不高興，他一用手杖（stick）粗暴地給予桌子一擊之後，就立刻離開屋子走出去。

拿破崙。他在戰爭連戰皆捷是天意嗎？是命中註定嗎？

但是，那一天的早上，在距離這個普魯士的布來夫拉烏城約三百英哩之遠的地中海小島上，誕生了一個小男孩。

那個人，正是撼動整個世界的絕代英雄拿破崙・波那巴爾特。

如上所述，對拿破崙的出現雖一般認為已被腓特烈預言過了，但真正預言拿破崙登上歷史舞台的人，其實另有他人。

他即是生長於十六世紀的法國，名為菲利浦・諾艾爾・歐利文里烏斯的預言家。

提到法國的預言家，無論如何都不能略過著名的諾斯特拉達姆斯。歐利文里烏斯令人感覺被隱藏於其名聲的背後，一般人並不太知曉其人。

然而，正是這個歐利文里烏斯鉅細靡遺地預言了從拿破崙的登場、其豐功偉業乃至於最後的死亡，甚至連他出生的二百五十年以前的事情，也都說得詳細入微。歐利文里烏斯在其預言書的開頭這麼記載著：

「在地中海的島上或許出生了一個天才嬰兒。

他年紀輕輕就離開島嶼，在法國的土地上習得語言、學問及生活習慣，克服各種困難，他大概不久就會支配整個法國了。」

沒錯，一七六九年出生於地中海的科西嘉島，以法國大革命後的巴黎一介沒沒無聞的士官身份登場，僅僅十年不到的時間就攀升上皇帝位置的拿破崙的一生，與預言吻合一致至巧妙的程度。

拿破崙已知曉自己的未來?!

再者，歐利文里烏斯又進而詳細地預言拿破崙的一生，雖稍嫌冗長，但以下不妨試著將歐利文里烏斯的預言書與拿破崙的事蹟比較一番。

「他首先在故鄉的附近進行戰爭，然後或許會渡海，在贏得偉大光榮的地方戰鬥。」

一七九五年的十月五日，守護巴黎不受到反叛軍的攻擊而受到注目的拿破崙，擔任法軍司令官，遠征義大利、埃及，在六天之間便累積了六戰大勝的輝煌勝利，氣勢如虹。

「而且，他或許再度在羅馬打仗。他平息恐懼及混亂，制定法律，獲得民衆壓倒性的支持，最後終於就帝位了吧！」

一七九九年，拿破崙在十一月九日的政變中推翻政府，一躍而將政權掌握在手中。之後，他與羅馬教皇締結宗教協約等條約，遠征超過十餘次，並且接連地獲得勝利，支配大半個歐洲，一八〇二年，成為終身總統，得到專制性的權力。

而且，他使法國大革命劃下休止符，制定《拿破崙法典》，實行學制、司法、行政的大幅改革等，一八〇四年，終於當上皇帝，達到權力的巔峰。

於是，試著比較一下便明瞭的是：歐利文里烏斯正確地猜中拿破崙的飛黃騰達、平步青雲的時代，其準確性幾乎到了令人吃驚的地步。

後來，拿破崙一如歐利文里烏斯的預言，僅僅不到十年的時間就攀升至皇帝這個最高地位，但是，其勢如破竹的運氣之中，有著非比尋常的部份。

——拿破崙遠征目標所指之方向的人們，毫無例外地圍繞成人牆分列兩旁，為他打開一條寬敞的道路，讓他行走，那條道路在眼前又更進而變成強固的道路——他就像將這樣被約定好的未來拿在手中一樣，得天獨厚地獲得令人難以置信般的幸運。

但是，這真的僅止於運勢的問題嗎？

不，筆者不這麼認為。原因是，拿破崙遠征埃及以前的行動，目的似乎僅在於參加戰爭、建立功勳，相對於此一看法，遠征以後他突如其來地採取明確直接、基於夢想而來的行動，也就是說，他開始採取為了取得天下而做的行動，他的一切行動都是為了滿足野心、統治全天下，而他的慾望永無止盡。

拿破崙簡直就像出現於混亂歐洲的一顆閃亮星星，照耀著黑夜的道路一樣，活躍於人們面前，以及歷史的大舞台上。

這很顯然是拿破崙確信將會因某種契機使歐洲大陸突然從天而降，落入自己手中，而採取的製造另一個「化身」的做法——我們只能認為他採取了這一類手法。

那麼，拿破崙究竟根據什麼而一直堅信「天下終將是自己的」是絕對可靠的呢？在此希望各位回想一下前一章觸及過的一句話，那是拿破崙從金字塔出來時所說的意味深長的話：

「我看見了未來的幻影。」

是的，當時他在金字塔裡看見的東西，正如他所說的這句話，是自己的未來。正因為如此，他才能不知畏懼、無所顧忌，像獅子般地勇往直前、猛然地進攻。

凡事都猜中的歐利文里烏斯的預言

將話題再回到歐利文里烏斯的預言吧！他雖完全猜中拿破崙通往光榮境地的過程，但預言的內容當然並不僅止於此。他甚至冷酷地預言往後拿破崙悽慘可憐的敗戰及沒落，準確到了令人毛骨悚然的地步。

「他雖拼命地趕到遙遠彼方的國家，但那個敵國可能已焚燒掉自己的城市。他率領軍容壯大的士兵攻入那裡，卻可能要在灰塵及廢墟之中遁逃保命。

他的軍勢，可能連水或麵包都沒有，受到嚴寒天氣的侵襲，在風雪之中艱辛作戰、痛苦不堪，因此而失去三分之二的兵力。」

一八一二年六月，朝向俄羅斯遠征的拿破崙軍，接二連三地連戰皆捷，如怒濤般地進攻目標。

但是，俄羅斯一採取焦土戰術撤退而去，迫臨而來的是俄羅斯的冬天，對冬季紮營毫無準備的拿破崙軍，就在嚴寒及糧食不足的情形下，吃了敗仗，遭受從六十萬名激減為十五萬名的大慘敗。

歐利文里烏斯進而說道：

「他可能與真正稱得上朋友的數名部屬在那裡滯留十一個月。

但是，一過了這十一個月，他大概就立刻搭乘船隻登陸佳里亞。

他進軍前任國王所支配的雄偉城市，詫異驚訝的國王將會抱著王冠逃之夭夭。」

這便是他所預言的在萊比錫一役中大敗的拿破崙，之後被放逐至地中海的艾爾巴島，從那裡逃脫之後所經過的狀況，也就是所謂的「百日天下」。

後來，無論歐利文里烏斯或拿破崙的人生都真正進入佳境。

「然而，三個月又十天之後他又再度受到歐洲三國同盟的追逼，之後前任國王將會復辟。

再後來他終於向全體人民發表聲明，離開人世。」

所謂的「百日天下」之後的一八一五年六月，在滑鐵廬一役中被英國將軍威靈頓打得慘敗的拿破崙，被流放至大西洋的孤島聖赫勒拿島，在那裡結束了五十一年的一生。

穿紅色衣服的男人是來自地獄的使者嗎？

拿破崙本身是在一八〇四年末初次看見這本歐利文里烏斯的預言書，也就是就皇帝之位之後不久的事情。

然而，據說當時他僅僅稍微翻閱了一下預言書，似乎沒有任何興趣地交給皇后約瑟芬，說道：

「妳幫我看一下，這上面好像寫了關於我的事情。」

「喔？不過是超過二百五十年以前出版的書吧？」

約瑟芬一邊這麼反問，一邊將封面已完全泛黃的舊書拿在手上，想盡辦法勉強地讀著難以閱讀的活字，態度非常地主動積極。

她大略地讀過這本書之後，回頭看看拿破崙問道：

「那麼，您的想法是？」

拿破崙像輕蔑般地聳一聳肩膀，彷彿要吐掉東西似地丟出一句話：

「預言這種東西……，全視讀法而定，不管怎麼樣都能解釋得通嘛！」

然而，俄羅斯遠征失敗之後，拿破崙再度搜尋出歐利文里烏斯的預言書，仔細地讀過一遍，之後他再也沒有笑容了，不，是笑不出來了。

拿破崙一召請著名的神學者到宮廷來，就詢問道：

「基督教如何看待預言這種事情？」

「神任何時候都能透過預言說出祂心裡的話。」

據說，拿破崙對這位神學家的回答似乎非常地沮喪、氣餒。

畢竟，拿破崙的強勢好運並非永遠的。拿破崙的前途中，「成功」兩個字已經消失無蹤，從此只有「失敗」的境遇，通往破滅的道路不斷地擴展著。

而且，更進一步地說，拿破崙的破滅是決定性的，某件奇妙的事件持續不斷地發生著。

一八一四年一月，拿破崙關閉在丘爾里宮殿自己的房間不出來時所發生的事情。

拿破崙的親信來其身邊通知他，有一位拜訪者前來訪問。

誰的話都不放在心上，不想和任何人說話的拿破崙，命令手下將拜訪者趕回去，於是，其親信說：

「他說如果說出『穿紅衣服的男人，那殿下就應該明白了』懇求見您一面……。」

一聽這名親信的話，拿破崙的臉色突然變得蒼白，以往未曾顯現在臉上的倉皇神色，命令人立刻將那個男人請進屋裡來。

被邀請進入的紅衣服男人，在拿破崙的屋子與他交談，據說，偶爾從房屋的外面聽得見裡面洩漏到外面的聲音，那是像拿破崙在哀求什麼事情的聲音：

「懇求您！再給我一點時間！現在還不要剝奪我的力量。」

過了一陣子，那個謎樣的訪問者離去之後，拿破崙一直關閉在自己的房間不出來，數日之間不准許任何人謁見。

後來，這個紅衣服男人訪問之後僅僅數個月，拿破崙就被放逐至艾爾巴島了。

自出生以前起即決定了的命運

這個紅色衣服的男人，別名被稱為「丘爾里宮殿的紅色男人」，從很早以前一般人即認為，在丘爾里宮殿的主人發生不好的事情之前，這個男人一定會出現其主人的身邊，幫助主人。

舉例而言，安歷四世被暗殺那一天的早朝，就看見了這個紅色衣服的男人。

再者，瑪麗·安德瓦內特在法國大革命的前後，也同樣在宮殿的廊下碰上這個紅衣男人，的確只能形容他是宣告死亡的來自地獄的使者，事實上，他是一個不祥的訪問者。

根據某一說法，紅衣男人第一次在拿破崙面前現身，是比這更早十六年之遠征埃及的時候。

振。

如果這是真的，那麼，埃及遠征以後拿破崙的陞遷速度可以認為與這位紅衣男人有關嗎？

後來，由於這位紅衣男人的出現，拿破崙的威勢急速地失去，跌落破滅的道路，一蹶不振。

儘管如此，這個所謂的紅衣男人究竟是誰呢？後世的神秘學研究家路易•波威爾，以超越時空的旅人而聞名於世，他雖推測：紅衣男人是不是就是撒恩•傑爾曼伯爵？但並清楚毫無任何一件可以確定此一推理的證據。

若試著這麼思考，就可以確定一件事：拿破崙這一個人，自出生以前起其誕生便已決定了，就連他在這個世界上所扮演的角色、所要完成的任務，都早已被決定了。

而且，這又留下另一個謎團。

這個謎團，即是預言者歐利文里烏斯，為什麼能正確地預言拿破崙的全部生涯，準到那種程度？

被考慮到的一個可能性是，歐利文里烏斯是不是也與拿破崙一樣，擔當某一任務而活在這個世界上？不過，他的情形並不是自己完成什麼任務、達成什麼目標，預言拿破崙的人生，才是他的角色……。

那麼，讓歐利文里烏斯預見未來，讓拿破崙取得天下的東西，究竟是什麼？是一個人，抑或一個物品，又或者一件事？這雖然完全不超過推測的範圍，但其中是不是有無形的力量

聖・傑爾曼伯爵。一個說法是，被認為操縱著拿破崙的紅衣男人，即是這位聖・傑爾曼伯爵。

，或者也可以說是巨大意志之類的、某種莫名其妙的事物的力量，在發揮極大的作用？

纏繞著拿破崙之死的不可解謎團

一八一五年，在滑鐵盧一役敗北的拿破崙，雖被護送至流刑地聖赫勒拿島，但他逃出那個島嶼，未再回到法國。

被囚禁而經過六年歲月的一八二一年五月五日，拿破崙因為原因不明的疾病，結束了五十一歲的一生。

但是，他的死亡也與他的一生一樣，被極大的謎團包裹著。

拿破崙生前就一再地說，希望自己死的時候一定要解剖屍體。

原因是，儘管他抵達聖勒赫勒拿島當時是完全健康的身體，但他的身體卻毫無理由便急速地衰退。「我是不是在不知不覺之中被灌下毒藥？」這樣的疑慮，經常纏繞著他，而使他生出防備的戒心。

遺體解剖是在其死亡的翌日五月六日，由英國總督羅伊屬下的六位軍醫及拿破崙的侍醫安東馬奇所施行。

但是，他們七人的意見在微妙之處出現了分歧。

雖然七人全都認定遺體的胃連接腸的幽門有潰瘍，但侍醫安東馬奇主張這是「癌性潰瘍」，英國籍的醫師們則主張「有發展為癌症之可能性的硬性癌腫」。

此事最後的結果是，創造出了「拿破崙是因胃癌而死」這個通說。

順帶一提，七位醫師之中的二人，發現了遺體的肝臟異常地肥大，所以也產生了「是否有肝炎」的說法。

但是，如此的通說因某項令人驚訝的事實而大大地撼搖，不再有那麼高的可靠度。

瑞典的牙科醫師史汀•法修弗多，於一九五五年的某一天閱讀了在聖赫勒拿島服侍拿破崙的僕從總管馬夏的手記，發現了奇怪的事情。

那就是，拿破崙晚年所陳述身體狀況的惡劣程度——交互地來訪的昏睡及失眠、腳部腫脹、脫髮、肥胖等等——無論採用哪一點來看，都很酷似慢性砷中毒的症狀。再者，藉由遺體的解剖而被發現的胃潰瘍及肝臟肥大，也全都是砷中毒的典型症狀。

拿破崙時代的法國，砷是頗為常用的毒藥。它常被當作殺鼠劑，任何地方都可以輕易地弄到手，因爲既無味道又無氣味，所以就算摻混於任何食物之中也無從得知，如果花費數年讓某人一點一點地吃下去，以達到殺人的目的，那麼，慢性砷中毒的症狀就容易被忽略，視為極不稀罕的疾病症狀，見怪不怪。

從遺留的頭髮測出異常含量的砷

被如此的發現喚起了猛烈興趣的法修弗多，之後決定將拿破崙的遺體解剖記錄、侍醫的患者日誌等一切有關拿破崙晚年記錄詳加檢討。

其結果，拿破崙在高達三十種的砷中毒症狀之中，被確認果真有二十二種之多的症狀。然而，物品上的證據完全付之闕如。從拿破崙的遺體被檢測出來含砷一事雖然非常成功，太了不起了，但因為是由不過是一介外國研究者的法修弗多做出的毒物檢證，所以，儘管他請求給他開拿破崙的棺木，卻毫無道理批准下來。

不過，只有一點存著一線希望，那就是拿破崙的頭髮。因為生物具有想要將毒物從毛髮排出體外的性質，作為毒物檢查的試驗材料時，成為最高的證據。

那時，過了一陣子之後，法修弗多在某一科學之中發現了這樣的報導：蘇格蘭的古拉斯哥大學醫學院的史密斯教授，藉由將毛髮照射放射線，可以檢測出體內正確的砷含有量，開發了新的分析法。

看了這篇報導，法修弗多決心請史密斯教授檢查拿破崙的毛髮，他四處奔走的結果，藉由巴黎廢兵院軍事博物館前館長拉修克司令官的引介，終於可以將拿破崙的遺髮弄到手。

數天之後，從慨然給予允諾要分析頭髮的史密斯教授那兒，等了又等，盼了又盼的檢查，被寄到了法修弗多的手上。

「您所寄來的毛髮，判明了相當於一公克的毛髮含有十・三八微克的砷。這意味著，被檢驗者被大量的砷所侵襲。」

現代人的毛髮所含有砷的平均值，每一公克是〇・八微克（一微克是一公克的一百萬分之一），但是，拿破崙死亡的時候毛髮的砷含有量，竟然高達現代人平均值的十三倍之多。據史密斯教授說，這些毛髮的砷汚染並非從外部附著上去的，很明顯地，它們是一直存在於毛髮之中的東西。

但是，為了更進一步地作確實的檢查，非得再取得拿破崙的毛髮不可。

法修弗多再度請託先前的拉修克司令官提供拿破崙的遺髮。可是不知為什麼，前一次很爽快地給予協助司令官，像突然翻臉改變態度似的，變得不合作。

他雖非常地憤慨，但很明瞭也能體會，人們之所以說拿破崙是被毒殺的，是因為極度地恐懼由一介外國人去揭露以往法國人所一向忽略的事實。仔細地想一想，對英國學者們而言，這必定不是那麼光彩的事情，實在丟盡面子。

這麼一來，只好從別的途徑去搜尋拿破崙的遺髮了，這麼想的法修弗多及史密斯教授，共同寫了遺髮的分析結果，發表於英國的科學雜誌。

與記錄吻合一致的砷含有量

果如所料，看了此一結果的法國學者們一同發出了反彈的聲音，駁斥兩人的說法。他們為何可以一口咬定，僅僅一次的檢查、試驗材料過少、從外部附著在遺髮上的東西不是砷？究竟那些毛髮是不是拿破崙的？有證據顯示是拿破崙的嗎？凡此種種，都有待商榷。

可是在另一方面，他們所一直期望的反應出現了。拿破崙的僕從諾威拉斯一向擁有拿破崙的遺髮，一位名為菲雷埃的瑞士紡織業者掛了電話來，說他目前持有諾威拉斯所擁有的遺髮。

據說，諾威拉斯從剛死亡不久的拿破崙身上剪下了毛髮。這些毛髮被交給瑞士一個名為蒙恩・里斯的人，其孫女蒙恩・英・胡佛夫人繼承了遺髮，而後來又被讓渡給軍方將領菲雷埃的父親。

史密斯教授立刻接受了毛髮，付諸檢查，另一方面，法修弗多為了確實地知道拿破崙究竟何時被灌了藥，調查了其身邊親信們所寫而留下的書籍，就被認為拿破崙症狀惡化的一八二〇年九月到翌年的五月之間，調查了其詳細始末，其結果顯示：拿破崙在生命最後的七個月之間，呈現六次急性中毒的症狀，而在這些發作期間，都持續著慢性中毒的症狀。

他一直想要做的事情，是給反覆不斷地呈現砷中毒症狀的時間定位，確定真實的時間，試著與分析的結果互相對照。

史密斯教授檢查的結果一如所料，顯示了拿破崙的遺髮含有遠比正常值高出甚多砷，而且也就判明了，連一根毛髮也會因場所而使砷的含有量不同。另外，這個變化與拿破崙症狀惡化的演變也極為一致，幾乎到了巧妙的程度。

執行毒殺的兇手是蒙特倫？

但是，儘管如此，究竟是誰、為了什麼而毒殺了拿破崙呢？

抱持著新的疑問的法修弗多，不厭其煩、堅持到底地投注於推斷兇手的工作上。他將在聖赫勒拿服侍過拿破崙的人一一檢討一番，除掉不可能的人選。

首先，住在別墅的英國監視人、在中途離開島嶼的部屬們、拿破崙臨死之際被派遣來島上的侍醫安東馬奇等人，可以被排除在外，不列入兇嫌。再者，廚師畢埃隆雖烹調拿破崙的三餐，但由於這並非拿破崙唯一僅有的飲食來源，因此，他一個人要讓拿破崙吃下毒藥並不容易。

這麼一來，嫌疑者被集中於士官蒙特倫及僕從總管馬夏兩人身上。有點諷刺的是，兇嫌正是經常待在拿破崙身邊，居於能輕易地進行暗殺行動之立場的兩個人，而他們原本是對拿破崙最忠實的兩名侍從人員。

但是，馬夏已經服侍拿破崙十年以上之久，他的整個家族與王黨派完全沒有瓜葛。

無論艾爾巴島放逐之刑以前或以後，他都隨時在拿破崙的身邊服侍。也就是說，他一路跟隨拿破崙來到聖赫勒拿島，是極其自然的事情。

然而，相對於此蒙特倫有許多奇妙的地方，令人懷疑他。首先，他是舊貴族出身，與王黨派一方淵源比拿破崙更深，他的岳父與阿爾多夫伯爵（後來的查理十世）非常地親密，再加上他獲得了第一王政復辟時代的將軍地位。

但是，他當時發生了從支付給屬下的軍隊士兵的薪水裡，侵佔了六十法郎的事件。可是，儘管原本理應是被關進牢裡數年的大罪，卻不可思議地連被交付軍法會議審判也沒有。

說起來，他就連拿破崙逃脫出艾爾巴島時、滑鐵盧一役時，都沒有待在拿破崙的身邊。

但是，到了拿破崙的天下結束時，他突如其來地出現在拿破崙的面前。與他親近的王黨派已掌握了政權，他為何卻偏偏特意地接近敗北者，拉攏與拿破崙的關係？難道是要懇求能跟隨拿破崙至流刑地？還有，蒙特倫令人不解的行動，在到了聖赫勒拿島時仍持續著。

他的妻子阿爾比努也很可疑，儘管當時外面淨是被批評她與拿破崙有曖昧的關係，但一句抱怨也沒有說，從未像其他的部屬那樣希望回到本國。

拿破崙的死亡與什麼有關？

根據記錄，蒙特倫是聖赫勒拿島的酒庫負責人，持有貯藏葡萄酒倉庫的鑰匙。而且，拿破崙經常都從專用的瓶子取出葡萄酒飲用。

葡萄酒被帶有蓋子的木桶包裝好，送到拿破崙所在的隆克烏德。在那裡再被重新裝入瓶子。此時，酒庫負責人若要讓毒物混入木桶裡，比起直接加入飲食裡，更來得簡單、無風險得多。

另外，既然是桶裝的酒，就可以一次加入好幾個月份的毒物。而且，拿破崙進食之際所飲用的葡萄酒的量大致上是固定的，所以可以事先推測吃下毒物的量，而下多少毒物。

沒錯，一試著這麼思考，除了蒙特倫之外，就沒有人可以毒殺拿破崙了。

那麼，他是接受誰的命令而將暗殺行動付諸實行的呢？法修弗特以前曾經數度計劃狙擊拿破崙的陰謀，具有可以忽略放過蒙特倫的犯罪行為那麼大權力、崇高地位的人——除了安爾特華伯爵以外沒有別人——筆者在此作下結論，試者為拿破崙的死亡找出答案。

但是，安爾特華伯爵為何要下那麼大的決心，非結束沒落的拿破崙的性命不可呢？他應該沒有那麼憎恨拿破崙的理由吧！抑或，耗費六年之久的漫長歲月除掉拿破崙，是安爾特華伯爵害怕拿破崙的勢力抬頭所致?

為了使法國大革命收場、落幕，使活在現代世界的人們生存下去，最有必要的，正是訂定出市民法體系的基礎——拿破崙法典，而此事也正是他活在這個世界上最大的理由，藉由達成這個目標，拿破崙的使命才得以終了。

讓他誕生又奪去其生命的意志，究竟是什麼東西?現今我們已完全無從得知。但是，在他所創造出來的謳歌人類基本權利的法典此一延長線上，我們安然地生存著。在拿破崙的功績之中，或許只有筆者感受到他內心具有某種意志吧……。

第七章

悲劇的孤兒卡斯帕爾・哈伍札

私生子乎？大騙子乎？抑或被拋棄的王子？

攜帶著二封奇妙信函的謎般私生子

一八二八年五月二十六日的傍晚，在拜恩王國的紐倫貝克市的馬路上，擦鞋人貝克及拜克曼悠閒自在地站著閒聊。

聊著聊著，一個奇怪的少年經過他們眼前，他的外表頭髮蓬亂、衣服淨是泥土，像喝醉了酒一般，搖搖晃晃地走著。

兩個人挨近少年，問他打從哪裡來，但是，他沒有回答。貝克搖晃他肩膀，少年才甦醒過來，從口袋取出一張弄得皺巴巴的信封。

收信人的地址是「紐倫貝克第六騎兵隊第四隊　法恩•威喜尼上尉收」

朝向同一方位的拜克曼，決定給他送到那個地方。

這個少年，正是被稱為「十九世紀最大謎團」的主角卡斯帕爾•哈伍札。某一天，他偶然信步晃盪，出現在紐倫貝克城鎮，是被視為「謎樣的私生子」，結果讓德國全境引起大騷動的人物。

上尉雖不在，但看守馬廄的人送來麵包、肉及水給少年。少年吃得津津有味，而肉卻推了回去。

他的動作，簡直就像是出生以來初次看見肉一樣的模樣。而且，最後一口氣將水喝光，躺在稻草上，一轉瞬之間就睡著了。

不久，威斯尼喜上尉回來了，打開了少年交給他的信封，其中裝著二封信，第一封信是這麼說的：

「我是個微不足道、渺小、拿日薪的工人。一八一二年從母親收留他以來，就一直將他當作自己的孩子一般地養育著。這個孩子說，將來希望成為像父親那樣的騎兵，所以打發他到您這兒來。如果您不想領回他、攆走他，那就請殺了他也好，或者做什麼也好。」

信中的文章淨是錯誤百出、辭不達意、笨拙而不通順。另一方面，第二封信似乎是一個女佣寄給這位工人的，以更加拙劣的文筆如此寫道：

「這個孩子叫做卡斯帕爾，想要繼承父親的騎兵職業。如果他到了十六歲，請無論如何帶他去紐倫貝克。他的生日是一八一二年四月三十日。我是個貧困的女子，養不了這個孩子。這個孩子的父親已死了。」

大為吃驚的威斯尼喜上尉，到馬廄去敲門叫起少年，開始問他各種問題。

但是，他回覆過來的答案，只有「我、想要、成為騎兵」、「不、知、道」、「馬」這三句話，完全不得要領。焦躁不安的上尉，立刻讓警察來帶走少年。

少年在警察局也只是一味地重複著上面的三句話。但是，一位警察試著交給他筆及紙看看，他就突然以笨拙的手勢寫了「卡斯帕爾・哈伍札。」

總覺這似乎是一個名字。但是，一問他地址，就依然堅持「不曉得」。於是，事情沒有獲得解決，最後，且將他關入監獄的魯金士蘭特塔。

記得曾經在牢獄內與二匹木馬玩耍

究竟卡斯帕爾以往都過著什麽樣的生活呢？

無論如何，他是一個怪異的少年，令人莫名其妙。他的走路方式，是像出生之後不久的幼兒般東倒西歪的步伐，腳底彷彿從未貼緊地面似的，一直滑行著。夜晚他挺直背脊，就那樣保持坐著的姿勢睡覺。他似乎是在狹隘的房間裡才養成了坐著睡覺的習慣。

再者，他已十六歲了，卻無知到幾乎是異常的程度，對一切事物都似乎是出生以來第一次看見的鄉巴佬模樣。譬如，他想用手指去抓臘燭的火焰，大叫了近乎哀嚎的一聲：「哎呀！」。對自己映照在鏡子裡的模樣，覺得很不可思議，試著繞到鏡子後方，想一探究竟。

另外，卡斯帕爾具有如下的異常能力。

他一接近金屬製的物品，劇烈的惡寒就立即從指尖流過全身，使他顫抖不止。不管在何時何地，都可以立即指出北與南的方位。而別人一從後面挨近過來，就感受到背部有磁氣之

帶著二封信出現在紐倫貝克街道上時的卡斯帕爾·哈伍札。

類的東西通過，雞皮疙瘩都豎起了。

煙草的氣味，他從一百步以上的前方就可以聞出來，甚至辨識出是哪一種牌子的香菸。在漆黑的環境裡，他也能將物品看得清清楚楚，分辨出是什麼東西……。

上述的二封信，再試著重新調查，就發現疑惑不明之點仍非常多，兩者理應有十年以上的差距，卻偏偏無論紙質、墨水及筆跡都一模一樣，而文體雖不同，但很顯然是同一人所寫的信。

這麼一來，在信上提到的少年的出身背景，看起來真的令人難以置信，信中所言是確實的嗎？實在很可疑。

然而，一旦逐漸地學會說話，卡斯帕爾開始打開沈重、不順暢的嘴，談論有關自己的事情，根據他點點滴滴地透露出的內容，紐倫貝克的平達市長所發表的正式報告這麼說道：

「少年說以往一直被關閉在稱為『洞穴』，陽光射不到的一間狹隘房間裡面。他用尿壺便溺，在稻草之中睡覺，數年之間一直過著這樣的生活。每天除了帶來麵包及水給他的男人之外，就再也未見到其他人，他在牢獄之內與二匹白色的木馬一起玩耍。但是，某一天晚上他突然被男人帶到外面去，教他走路的方法及寫自己的名字。且連袂來到紐倫貝克，之後命令他一個人走。男人終於消失，不知去向……」

「私生子現身」的新聞，在像沈睡般的小城鎮掀起大漣漪。後來，人們成為那個神秘而不可解的謎團的俘虜，熱衷於解開謎底的遊戲，完全對不可思議的傳言著了迷。

「對跟隨在少年身邊，關於其身世來歷能帶給我某些情報的人，我將可以給予鉅額的懸賞金」──諸如此類的傳單，被分發了數千張之多。

另一方面，卡斯帕爾之後變得如何呢？他被囚禁的塔，從早到晚都有觀光客蜂擁而至，擠得水洩不通。甚至，被擠得不成人形，受到許多近乎斥責的質問。

最後，他終於變成神經官能症。由於他說如果考慮到他的將來，那就應該立刻將他寄留在適當的家庭，因此，王國政府決定將他寄留在紐倫貝克的名流紳仕達烏馬教授的家中。

能藉由夢中的城堡及徽章解開了出生的秘密？

在達烏馬家人溫暖的庇護下，少年順利地成長著，他一個月就長高了六公分，連食物也能吃普通人相同的東西。

讀書、計算自不待言，數個月之後，他已可以彈奏簡單的鋼琴曲，連馬也騎得很好。來的時候仍懵懂無知的卡斯帕爾，為什麼可以在短期間之內如此地進步呢？這種驚異的學習能力，究竟是基於什麼樣的理由，因為什麼樣的原因所致？

或許，他是不是自小便已經學過了騎馬、語文？從他具有某個地方的氣質的容貌來看，他有時也顯得斯文儒雅，所以，「他說不定是高尚人家所遺落的孩子，擁有顯赫高貴的家世」的傳言，也開始散佈開來。

簡直為了證實此一傳言一樣，大約從那一年的夏天開始，卡斯帕爾的夢中開始持續不斷地出現一個城堡。

比方說，在八月十五日的夢中，卡斯帕爾被一女人帶領著，走在城中，走了許久……。

女人將他帶到某個有豪華家具的房間，從那裡又再走下樓梯，帶路陪他瀏覽並列於牆壁上的肖像畫的曲廊。曲廊外面的中庭有噴泉。

接著所做的夢，也一樣是在大城之中。客廳擺著豪奢的家具，牆壁上是鑲了金框的大鏡子，天花板上則垂掛著枝形吊燈。中世紀式樣的五斗櫃抽屜裡，附有以獅子頭圖案裝飾的把手，餐具櫥裡則是銀製的食器在閃閃發光。

的確像是一個有身份地位的貴族所居住之城堡的樣子，卡斯帕爾一躺在床上，戴著附有羽毛帽子的女人就進到房間來。後面一個黑帽子、禮服大衣打扮的男人接著進入。女人挨近床鋪，將白色的手帕交給卡斯帕爾，彷佛要當作識別的記號似的。他說，在夢中，我覺得當時似乎就待在自己的家裡。

醒來之後，卡斯帕爾想起夢中城堡的大門上看得見某種圖畫的東西。憑著記憶，他畫出了素描，看了他的畫，達烏馬教授認為，那是某個地方的徽章。

在盾形框架的右下方，有某種動物以後腳站立著。二支像劍般的東西在中央交叉，徽章之上甚至還帶著鐵十字、像王冠般的東西，左下方則在四角形之中畫某種斜紋的東西。

這個徽章，與卡斯帕爾的身世有何關係呢？

終於發生了的卡斯帕爾刺殺事件

對卡斯帕爾出現的興奮尚未冷卻之際，翌年一八二九年的秋天，他的身上發生了奇怪的事件。他在地下室從額頭流下血且倒下來的時候，被人發現了。

據說，在毫無防備之際，他突然被一個蒙著黑色面罩的男人用刀子砍殺上來。倒在地上的剎那間，聽得見男人在他耳邊耳語著：「你就受死吧！」他說，這個聲音，與將他帶到紐倫貝克的男人的聲音一模一樣。

人們對事件的反應，不一而足。也有人說，監禁卡斯帕爾的男人因害怕秘密敗露而企圖殺害卡斯帕爾，但也有人說，是卡斯帕爾本身為了討好人們而搞出的騙局，想用編造的謊言欺詐人們。但是，襲擊卡斯帕爾的人，之後也杳無蹤影，無從得知是何許人。

事件之後，巴斯帕爾在數位保護者身邊輾轉來去，後來，一八三一年秋天被寄放在天安士巴哈的教師麥耶家中。再後來的二年多，渡過了沒有發生任何事情的平靜日子……。

但是，終於又發生了使謎樣少年卡斯帕爾的神秘性更為加深的決定性事件。

一八三三年十二月十四日。那一天從早到晚連續不停地下著雪。午後三點左右，由於玄關的門鈴響起了，麥耶夫人便去開門，　打開門，卡斯帕爾就倒了下來。

「男人……在公園……被刺殺……」

他邊喘邊說，就那樣昏迷不省。他的左胸被刀子深深地刺進去。

流著躁汗、痛苦不堪的卡斯帕爾成為警方盤查的對象，警察的訊問一直持續到深夜。

後來得知，他曾經受到穿了披風之男人的邀約，外出至附近的何夫佳丁公園。他說，男人在那兒一邊交給他錢包，一邊突然用藏在身上的刀子刺殺他。

警察一搜查，確實在公園找到了疑似披風男人的錢包，其中，裝著寫了如此字句的破紙張：

「哈伍札應該可以說出我是誰？從哪裡來？可是，為了省事還是我來代替他說吧。我來了……從拜恩王國的國境……我的名字是M・L・O。」

很奇怪的是，那張紙以左右相反、形成對比的文字書寫。

對延續四年以前又再發生的奇妙事件，也有人故意大聲嚷叫，好讓人聽見：「那也是卡斯帕爾的詭計，或許他手頭不方便，想弄一筆錢來花吧。」

但是，儘管如此，從公園到麥耶家的道路殘留著卡斯帕爾的血痕，卻偏偏到處找不到最重要的凶器。

另外，「當天發現了一個可疑男人」的證言也相繼地出現了。這些證言也顯示了，有許多人看見了一個穿著風衣的男人與卡斯帕爾一起進到公園去。

事件發生之後的十七日正午，卡斯帕爾的病情急劇地變化。他以急促的呼吸陳述了對麥耶夫婦的感謝話語，並再三地重申：「這些話絕對不是騙人的把戲！」

晚上十點，卡斯帕爾結束了充滿謎團的短暫一生。他死時年僅二十一歲，那麼年輕！

然而，事件並未在此就落幕。他的死訊傳出之後不久，紐倫貝克的平達市長及診察過卡斯帕爾的醫師們，都相繼地死於非命，死因都不明不白而無從究查。人們傳說，是殺了卡爾帕斯的人為了殺人滅口而殺了他們。

到底斯帕爾的過去隱藏著多少國家的大醜聞呢？若非如此，那又為了什麼要特意地殺了毫無關係的市長一夥人？

周旋於大公之間而暗中運作的淫亂王妃

之後，探尋卡斯帕爾出生之謎的書籍相繼出版。尤其是知道他生前事蹟的上訴法院院長法耶巴哈，更高聲地倡議他是身份高尚的貴族所遺落的孩子的說法。

後來，與此一推理大致脗合的國家，從同樣在德國國內的地方浮現了。那是與拜恩王國隔著一國而互相毗鄰的巴登大公國……。

巴登大公國的大公卡爾‧菲力德里希雖有三位王子，但因為王妃卡洛琳於一七八三年逝世，所以四年之後與十七歲的少女露薏莎‧佳伊耶再婚。

露薏莎雖生了四個孩子，但她是個淫亂的女人。這些孩子的父親，其實可能是前大公妃的第三位王子路托維希。如此的傳聞，一直甚囂塵上，未曾停歇。

如果露薏莎希望讓自己曾歷經生產痛苦的王子就大公王，那麼，他在王位繼承權上就得比其他候選人更處於優勢，於是，前大公妃的孩子們就成為眼中釘，她恨不得除掉所有障礙物。

撇開是否為了這個緣故不談，從十九世紀初起，大公家中頻頻地發生令人疑惑、不明不白的死亡事件。

一八〇一年，第一位王子在旅途中因意外事故而死亡，第一位王子所留下的兒子卡爾，成為第一順位的繼承者，一八一一年老大公一死，他就即大公之位。

翌年，這位新大公雖生了第一位王子，但王子在出生後的第十七天在床上一直變冷、斷氣……。

於一八一六年出生的第二位王子，也在翌年死亡，卡爾大公本身，也於一八一八年以三

（上）被襲擊的謎樣人物卡斯帕爾・哈伍札。
（下）建立於卡斯帕爾被襲擊的公園的紀念碑。

十二歲的英年離開人世。

而前一年，老大公的第二位王子也死亡了，由於這位王子沒有孩子，因此大公的位子自動地落在第三位王子路托維希身上。然而，他這個位子也坐不久，轉瞬之間一八三〇年路托維希大公也猝逝了，最後，露薏莎的長子雷奧卜都就巴登大公之位……。

但是問題是，聲稱一八一二年出生之後第十七天就死亡的人，是卡爾大公的第一位王子。而事實上，卡斯帕爾出生的年份，也是這一年。

如果卡斯帕爾是這位第一王子，那麼如下的推理便能成立：陰謀企圖篡奪大公位子的露薏莎的同夥人，綁架了王子並以其他的嬰兒偷換頂替。

而且，他們先將王子監禁在人們看不見的地方，一旦確實地達成目的，就會釋放王子，但是，之後仍繼續暗中監視王子，在眼看著其真實身份即將曝光的節骨眼，暗殺了他……。

被偷換了的怪異屍體檢視報告書

然而，在衆多的貴族、醫師在場的面前，果真有可能將王子偷換成其他的嬰兒嗎？

而且，卡斯帕爾研究專家庫雷博士以長年的研究為基礎，導出能令人相當同意的解答。

小嬰兒的祖母亞瑪莉夫人寫給女兒拜恩王妃一封信，根據這封信，小嬰兒截至十月十五日晚上十點為止仍很活潑健康，但之後卻腹部突然膨脹起來，頭痛產生痙攣的現象。

御醫讓小嬰兒吃下藥，隔天早上，他的病情暫且穩定下來。可是，午後二點突然處於危急狀態，亞瑪莉夫人於四點接到「嬰兒即將窒息死亡」的通知，匆匆忙忙地趕了過去。據說，嬰兒去世的時間是晚上八點左右，死狀很可怕。

提到十月的傍晚四點，在這個地方應該是微暗而光線朦朧，況且再加上小嬰兒因痛苦及難受而哆嗦、顫動，承受痙攣的折磨，像著了火般地哭泣著，這番景象，不免令人不寒而慄……。

對過度驚嚇的人而言，或許他們並不曉得，在蠟燭的微光之下嬰兒的臉孔已有一點改變，可能已不是原來的嬰兒。

另外還有這樣的事實，也很可疑：原本理應比誰都更清楚嬰兒容貌的母親史蒂芬妮及褓姆約瑟芬兩人，全都無法親眼看著嬰兒死亡。

她們好不容易趕到醫院病房時，天哪，王子才剛剛亡故。無論她們如何請求，也未獲准讓她們瞻仰死者的遺容。

因難產而頭痛受到壓迫，窒息是小嬰兒的死因——六十三年後的一八七五年所公開的診察記錄、解剖記錄，有這麼一段：

「一八一二年九月二十九日誕生之後，十月十六日晚上八點左右，因為侵襲腦器官的小兒陣發性抽搐，以及之後的窒息，離開人世永眠。診察時，身體的外部被認定有顯著的皮下出血，包括頭部、後腦、鼠蹊部等，都有傷痕。除此之外，並無特別惹人注目的地方。」

作為一國王子的檢驗報告，這絲毫不會令人感到格外簡單而心生懷疑。再者，褓姆約瑟芬雖陳述小嬰兒的肩胛骨上有明顯的胎記，但檢驗報告卻完全未觸及這一點。

另一方面，一八三〇年檢查過卡斯帕爾的卜羅伊博士發表了一份報告，大意是說：「他的右肩膀骨上有一塊直徑約五分之一英吋（約五公厘）、小小的黃色胎記。」

巴登公國的醫師團被認為不可能看漏了這個特徵而忽略過去。也就是說，醫師團所解剖的是王子完全不同的另一個人的屍體。

紡織工人克里斯多夫莫名其妙的發跡過程

這一點，庫雷博士也嘗試了大膽的推理，博士一八一二年左右在卡爾斯魯厄一帶，一個不漏地調查，出生之後不久即死亡的嬰兒洗禮名簿，結果發現了這樣的事實：

根據博士所閱覽的卡爾斯魯厄的洗禮名簿，事實上，就在巴登大公家的第一位王子出生的一八一二年九月二十九日的三天之前，首都卡爾斯魯厄的布洛霍曼家中出生了一個男孩。

小嬰兒命名為約翰・耶哥布・尼恩史特，其父親是名為克里斯多夫的紡織工人，在此以前雖已擁有四個孩子，但四個都因體弱多病而不長命，很快就夭折了。

約翰・艾恩史特這個名字，在洗禮日的十月四日被登記於洗禮名簿，留下了出生記錄。

但是，根據閱覽過此一名簿的庫雷博士的說法，奇怪的是，約翰的死亡年月日並未被記錄下來，從他出生之後已經過了將近一百二十年，卻沒有任何記錄。

覺得很不可思議而建議進行調查的博士，發現了如此的新事實：約翰・艾恩史特的父親克里斯多夫一向在那位王妃露薏莎・佳耶所經營的紡織工廠工作。

不僅如此而已，他在第一王子死亡的六年後，突然從不過是小工人的身份「鹹魚大翻身」，進入宮廷擔任要職，從此平步青雲、扶搖直上，並從以往久居的貧民區遷移到王宮附近的高級宅邸區。

從以上的事情，庫雷博士推斷出：受到露薏莎・佳耶的命令，將自己的嬰兒（或許不是與以往的四個孩子一樣，因體弱多病而夭折吧）交出來作為頂替者，並綁架第一王子的人，即是這個克里斯多夫・布洛霍曼。

另外，庫雷博士又推定：卡斯帕爾經由克里斯多夫之手被偷出來之後，被移到距離巴塞爾東方十五公里巴登大公國拉烏非布魯克的波更城。

事實上，根據博士的調查，以前卡斯帕爾所夢見之城堡的徽章，與波更城主萊那哈男爵家的徽章一模一樣。

巴登大公國的宰相法恩・萊茲傑修當，長期擔任波更城附近的雷狄爾的郡知事（首長），因為他詳知這一帶的地理，所以庫雷博士推測：將卡斯帕爾移到波更城的人，是不是他？

他說，一八一五年一月，成為鰥夫的克里斯多夫，對處置幼小的卡斯帕爾深感棘手，因此，受到露薏莎・佳耶的諮詢、磋商的萊茲傑修當男爵是否告訴了她卡斯帕爾的情形，以此邀功。

而且，一八一九年路托維希就大公之位後，卡斯帕爾便輾轉於各地城堡，他是不是好不容易才掙扎地走到位於倫貝克東南四十公里的拜恩王國的畢札哈城？

位於畢札哈城地下監牢深處的「洞穴」

其實，畢札哈城裡確有一個疑似關閉卡斯帕爾的像「洞穴」般的地方。關於「洞穴」的記憶，卡斯帕爾的說法如下：

- 「洞穴」的大小，為6×4×5英呎。
- 「洞穴」的裡面，就在天井的正下方有一個約六英吋見方的小窗。
- 在「洞穴」中要大小便時，使用被收拾在坑窪處裡面的尿壺。
- 每天早上一醒來，卡斯帕爾就喝水吃麵包，與二匹小木馬玩耍。

•二匹木馬是白色的，高度約八英吋，長著木頭的尾巴，並分別戴上用布或皮革製成的紅色、藍色緞帶。

當時的憲兵中尉希凱，以這些證言為根據，尋查了「洞穴」所在，他雖探訪了弗蘭肯•卜方魯茲地方所有的城堡及寺院，但找不到疑似這個地下牢的地方。

不過，希凱當時似乎甚至從未到過距離諾伊馬克特僅僅六公里的畢札哈城。因此，發現了位於畢札哈的洞穴的人，是此後經過一百年以上之後調查過現場的庫雷博士。

畢札哈城雖是拜恩王國國王禁衛軍軍官古里申貝克男爵的居城，但他死後，女兒瑪麗亞將此城讓渡給艾古羅修當男爵。

艾古羅修當男爵於一九〇七年左右，為了要在城堡裝置暖氣設備，讓工匠破壞牆壁。據說，此時在二樓與一樓之間發現了一個狹小、內有樓梯的房間。

他在那裡看到什麼呢？他不知為何無緣無故慌張起來，讓人封閉牆壁，在不到五年之內將城堡賣給了檢查官夏夫。而且，男爵夫婦在此二年之後因原因不明的疾病而猝逝。

一九二四年，新的城主的德國某位女作家讓工匠挖掘了此城的牆壁。

打開二樓地板上的活動門扇，走下樓梯，盡頭的鐵門對面有一被稱為「寢室」的小房間。

這個房間，從一個深度60×80英吋的壁穴通向另一個房間。這個房間被稱為「洞穴」，是寬度為5×3公尺，至天花板的高度約一七〇公分的房間，從牆壁的小孔眼，一點點微弱的光線滲透進來。

據說，在古里申貝克男爵時代，這個城堡兼具領主法院的用途，輕微的犯罪者在這個「寢室」等待裁判。深處的「洞穴」，當時以被釘入地上的鐵鍊繫綁囚犯的手腳，作為一種拷問室而使用。史卡帕爾被囚禁的房間，似乎就是這個房間。

一八六四年以前，知道廚房所在的人，隨時可以經由通往茅房的石階進入「寢室」。領主每每不在的城堡，是鄉村的頑童們最恰當的嬉戲場所。

一九二九年調查過這個地方的庫雷博士，聽說有人六十五年以前曾經進入這間小茅房，從某個老家具工人那兒打聽了當時的狀況。

根據這個老工人的說法，當時這裡是麻鋪的床鋪，盤子及吃剩的骨頭、牆壁上掛的衣服，被破壞的椅子等等四散一地。他還說，也有用馬毛裝飾成鬃毛、高度約三十公分的二匹原木製木馬。

卡斯帕爾記憶中的「洞穴」，是6×4×5英呎，而畢札哈的「洞穴」比這裡更大上一圈，但構造上卻是一模一樣。而他所說的高度八～九英吋的二匹木馬，也與這裡的同樣形式。

或許，卡斯帕爾在這個地下牢獄被施加了催眠術，被迫令喝下摻混了鴉片的水，使他對時間、場所的感覺麻痺。在使他以往的記憶完全消失之後，再被帶到紐倫貝克。是不是如此？

如果以陰謀者們來看，儘管釋放了話也說不好、又不會走路的少年，但他大概可以被當

（上）據說，被監禁時卡斯帕爾與二匹木馬玩耍。
（下）卡斯帕爾所寫的筆記。

作精神錯亂者對待，被送入醫療機構，沒有什麽大不了的，所以輕忽了。

但是，出乎意料之外地，卡斯帕爾被報紙、雜誌大書特書了一番，成為世人矚目的焦點。陰謀者是不是因此而在此當頭一狠心，想要「處理掉」他？

然而，這個終究不過是臆測、假設罷了。卡斯帕爾死後，在德國，關於他的書籍雖被寫了一千册以上，但真相依然一直宛如謎團一般。

結果，卡斯帕爾究竟是誰呢？只是庶民的私生子？抑或高貴家世的後代？

第八章　消失的路易十七世

被法國大革命所擺弄的悲劇王子被偷換了?!

由於法國大革命而大大改變的王室命運

「路易十七世，一七八五～九五」——這些被刻在墓碑上的文字，幾乎已經磨滅了。這個安靜地建立在巴黎馬格里特敎會墓園的小墓，被視為受到法國大革命的操縱、擺佈，年幼即死於非命的路易十七世的墓塚。

根據正式的記錄，路易十七世與被認為父親路易十六世及母親安特娃娜多一同被禁閉在但卜爾塔，在那裡病死了。可是，「他的死亡是個騙局，死者是冒牌貨，正牌的路易十七世已被救出來了」的說法，至今依舊被大肆地倡言、主張著。

為什麼會不斷地產生如此的說法呢？對路易十七世的死，甚至可以說有那麼重大的疑問吧？為了知道這個問題的答案，首先或許有必要追踪這個悲劇的王子（第一王子）路易十七世的一生……。

一七八五年三月二十七日在貝爾沙伊約宮殿出生的路易十七世，由於繼承了父親的溫柔敦厚性格及繼承了母親可愛的美貌，集雙親的寵愛於一身而成長著。

然而，一七八九年六月由於巴士底監獄的佔領而引爆了戰鬥，也由於法國大革命的事件，王室的命運大大地改變了。被革命派所逮捕的國王一家人，被帶到巴黎去，囚禁在建造於中世紀，名為但卜爾塔的陰森森建築物。

塔為四層樓建築物，一樓為市府的官員，二樓有看守人在其中等候差遣，國王一家人所住的是三~四樓。三樓為會客室、休息室，分配成國王路易十六世及王子路易十七世的房間、餐廳、侍從室。四樓也是同樣的構造，由王妃瑪麗•安特娃娜多及公主使用。

儘管監視人跟隨在身邊，但這仍是暫且稱得上平靜的生活。

然而，不久路易十六世被交付國民公會審判，被無情地賜下死刑的判決。

「對死我早已覺悟了，既然是為了國民的幸福，那就高高興興地赴死吧！」

在為他哭泣的家人面前，國王如此毅然地說著。後來，一七九三年一月二十一日他被拖到有斷頭台等著他的刑場，腳步絕望而無奈……。

在塔內死亡的少年真的是路易十七世嗎？

國王一家人的不幸並不是僅僅如此便結束了。大約經過半年的七月三日晚上，警戒兵及官吏們闖進王妃的身邊。他們不僅想從她手上搶奪國王，甚至還想搶奪路易十七世。

為了保護膽怯害怕的兒子，王妃瑪麗亞拼命地站在官吏的面前叉開雙腳，擋住了他們的去路，然而，這不過是徒勞無益的抵抗罷了。

於是路易十七世被「隔離」在三樓的一室，一如字面的意義，不折不扣地與其他人隔開了。門上被鎖上堅固的鑰匙，窗上被張著鐵絲網。

與他的房間、鄰室之間相連的暖爐上，打造了一個附有方格的窗子，三餐都從那裡放進去給他。仍是少年的路易十七世，被迫過著碰不到任何人的孤獨生活。

翌年一七九四年四月，使獨裁者貝羅斯比爾失勢的巴拉士將軍掛念被禁閉在但卜爾塔的路易十七世，擔心其安危，與部屬一起前來面會他。

映在將軍眼簾的是：在一個角落放置著髒東西的房間中，破爛不堪的蓆墊上蜷縮成一團的少年身影。問他哪裡不舒服，他就沈默不語地指著膝蓋。將軍一命令屬下撕開少年的西褲，就發現一塊腫脹得烏青的傷痕。

到了一七九五年五月六日，路易十七世的病情更形惡化。根據緊急通報而匆忙趕來的市民醫院主任醫師杜佐，想要找個法子幫助這個少年，命令看守人一天一次打開窗子，給予少年新鮮的蔬菜及水果。但是，不久杜佐醫師就橫死於家中，沒有人知道原因。他提出關於王子症狀之報告書的六月一日晚上，他被噁心所襲擊而猝死。就在臨死前，他曾經受到議員們的招待，此一事件，令人無法捨棄其中必有陰謀的可能性。

之所以如此說，是因為以此一事件為契機，已認為明顯地逐漸痊癒的路易十七世，症狀卻惡化起來。根據接任的醫師處方而開始讓病人吃藥之後，路易十七世開始訴苦說出有嘔吐

（上）路易十七世

（下）路易十七世一直被關閉其中的但卜爾塔

及頭痛的現象，抱怨自己疼痛至極。後來，六月八日凌晨三點左右他全身冒冷汗，因嘔吐及頭痛而痛苦不堪，他滿地打滾，嚥下了最後一口氣。

路易十七世的遺體解剖，是隔天早上由兩位醫師及兩名助手所施行，一剖開腹部，就判明了腸被結核菌所侵襲。再者，據說右膝及手腕上有大的腫瘍。解剖雖做了四小時多就結束了，但此時市議會的官員戴蒙請求醫師給死者分離頭髮，用報紙包著帶回去。

事實上，這些頭髮雖後來將會扮演了重要的角色，但這件事在此暫且不談。六月十日，路易十七世的殯葬行列，一走出但卜爾塔的大門，就直接朝向聖・馬格里特墓地前進。埋葬進行得極為簡單，棺木被埋葬在公共墓地。

以上即是官方所留下的路易十七世死亡之前的始末。

然而，這裡潛藏著某個重大的疑問，那就是路易十七世的身高問題。若根據記錄，路易十七世的遺體被收納於一百六十二公分的棺木中。

可是，他是身材非常矮小的少年，比起其實際年齡算是比較粗短的身材，後來但卜爾塔被毀壞時，由王妃親手寫下顯示其身高的數字被找到了，根據此一記錄，他八歲時只有一公尺多一點，即高一百多公分。

相對於此，被準備的棺木卻是一百六十二公分的大棺。儘管他正處於成長期，但至死亡時十歲又二個月為止的二年之間，身高如何能急速地成長呢？

另外，在當時也並未進行血緣檢證。也就是說，沒有藉由骨肉至親證實死者身份，沒有證據顯示，在但卜爾死亡的少年是路易十七世。

自稱路易十七世的謎樣男人出現了

但卜爾塔的少年的頭髮弄到手的戴蒙，將這些頭髮收藏進加了王室徽章的皮箱，並記載著「戴蒙所保管的路易十七世頭髮」。慎重其事地保管著。後來王政復辟後的一八一七年，他提出了會見路易十七世的姊姊瑪丹•羅娃伊耶的要求，考慮將可憐王弟的頭髮親手交給她。

拜訪過宮殿的戴蒙，恭恭敬敬地將頭髮交出給瑪丹•羅娃伊耶的護衛隊長達拉莫公爵。可是，他回覆的卻是令人意想不到的話：

「這不是王子殿下（路易十七世）的頭髮。王子的頭髮，是更為明亮的金髮，因為，我從前曾經在貝爾沙伊約宮殿見過殿下。」

大吃一驚的戴蒙，雖打算說明頭髮是隨著年齡一同變色，而自己在但卜爾塔內親眼看到直接從王子頭上剪下頭髮，描述當時的詳細情況，但達拉莫公爵不理睬他的話。

一八三三年五月二十八日，一個自稱路易十七世，名為農德夫的男人出現於法國。

「路易十六世的兒子在德國的克羅森過著貧困的日子」是當時報紙的頭條新聞，農德夫受邀至閱讀過這則報導的退職法官德‧安爾普伊的家中，招待了一番。

到旅館來迎接的退職法官的朋友們，從農德夫口中聽到的正是一齣異想天開、超乎想像的逃脫劇，他娓娓道來：

「我被獄卒強令喝下裝入瓶子的藥物。而且，牢卒從床下的箱子裡叫出一個睡著了的孩子，讓他睡在我的床上，將我放入箱中。我就那樣昏迷不醒，醒來時，已被安排睡在一個小房間裡。」

農德夫的話實在非常令人難以置信，很遺憾地，他並沒有可以證明其身份的任何證據，沒有人相信他的話是真的。不過，一八一〇年以後有關他的足跡所到之處，都已得知了。

這一年，抵達貝林的他成為鐘錶製造業者的業務員。一八一二年遷徙至修龐達烏，在那裡結婚，一八二二年移居至布列登堡。

然而，一八二五年他因偽造錢幣的嫌疑而被關入牢裡。雖嫌疑不夠充分，但因為他開口說出「我是路易十七世」之類的話，使法官不悅，給予他不佳的印象。

此時，警察雖拼命地進行調查他的身世來歷，但關於其出身背景完全未被解開，一直仍是謎團。不久，一八二八年出獄的農德夫前往克洛伸，五年後，他受邀前往巴黎。

但是，見了他一眼的退休法官這麼叫嚷：

「他和國王一家所有成員長得一模一樣，王族的一切面貌特徵都集中在他臉上。」

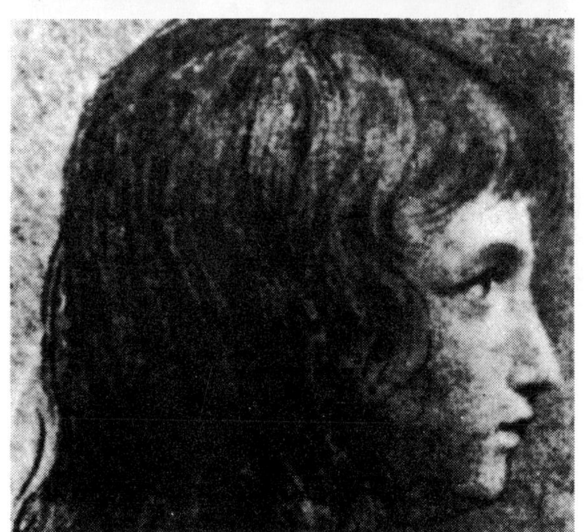

（上）路易十七世的姊姊瑪丹・羅娃伊耶
（下）描繪了在但卜爾塔時的路易十七世的圖畫

自此以後，社會上引發了甚至可以稱得上「農德夫信仰」的騷動，捲起一場風暴。可是，令人困擾的是，信徒們甚至隨隨便便地刪改修飾有關他的傳說中欠缺真實性的部份，這種情形當然加速了社會的混亂，衆說紛紜而莫衷一是。

那個男人持有幾項證據

但令人驚訝的是，這個農德夫後來被二十餘名王室的原隨從人員們認定是「正牌的路易十七世」。譬如，路易十七世的女僕藍波夫人寫了一封這樣的信給瑪丹•羅娃伊耶：

「看到他時，我完全一清二楚。與王子殿下一起共渡的日子，讓我確信他正是真正的王子殿下呀！絕對沒有錯的。」

再者，路易十七世之叔母的前女僕，聖•狄累爾夫人也寄信給她。

「如果是知道您雙親的人，一定都會認為他（農德夫）的容貌與您雙親的容貌非常地酷似。沒有一個人不承認那是一個模子刻出來的！」

瑪丹•羅娃伊耶不知是否心中有所動搖，拜託臣下的羅修夫可子爵，讓他安排去面見農德夫。子爵在巴黎面見了他，這麼寫出對他的印象。

「不容否認，他與波旁王朝一族的容貌極為酷似。我嚴格詳細地觀察了他許久，他的舉止動作極為自然、沈著鎮靜，也毫無故意做作的諂媚模樣。他非常瞭解關於波旁王朝一族的事情，所以我幾乎聽得頭暈目眩了。」

然而，瑪丹・羅娃伊耶保持沈默，絕對不肯見農德夫。如果她真的是比誰都更瞭解路易十七世之事的姊姊，那麼，只要見上一面，事實的真相就會輕易地顯現。

另一方面，農德夫本身從頭到尾都堅持要求與「姊姊」瑪丹・羅娃伊耶夫人會見，一八三四年一月，他一個名為莫連的信徒被打發到瑪丹・羅娃伊耶夫人身邊當差，接受使喚。莫連當場敍述了以往的始末，並以如下斷然堅決的口吻總結事件：

「無論如何，從前在王室超過二十人以上的從僕都認識他。」

實際上，農德夫向他們敍述了路易十七世的幼小時的記憶，內容鉅細靡遺得令人難以置信。譬如，他對前述的藍波夫人這麼作證言：

「我特意拿著孩童時代王子只穿過一次的藍色西服說，這是他在巴黎穿過的衣服讓你看看，農德夫一看，就回答：『不，夫人，我只在凡爾賽宮穿過這件衣服一次。』」

另外，有一次，一七九二年九月，他被要求寫下封印路易十六世房間門栓的木匠姓名的頭一字母，他也立刻在碎紙片上寫出J及P兩個字母（木匠的姓名是約瑟夫・波藍）。

還有，農德夫的身上，有幾個與王子身上共通的印記。

他位於上唇的山形傷痕，與王子擁抱兔子時被咬嚙的齒痕一模一樣，並且大腿上鴿形的汚斑，是王妃從前稱呼為「精靈的印記」而喜愛欣賞的部位。更有甚者，王子二歲時被接種的牛痘痕跡，也在他身上發現。所有證據都顯示農德夫即是路易十七世。

為何國王突然命令中止調查

不知是否因對瑪丹•羅娃伊耶不改其色、斷然忽略自己的態度大為光火，農德夫終於對國王一族提起要求確認自己身份的訴訟。當時的國王路易•菲利浦很困惑，派遣使者至德國，命令暗中搜查農德夫的德國國籍是否為實，並調查其真實身份。

但是，中途國王突然下令中止調查。

僅僅因為這個原因，農德夫便被捕了，所有的書籍被扣押沒收。這是預料事情將會鬧大的國王所採取的非常手段。於是，農德夫被強制移送至英國，等於過著放逐的生活。

之後，他雖在英國從事炸彈的發明、研究，但自此之後的晚年頗為悲慘。

一八四一年，實驗室發生爆炸，農德夫受到嚴重的燒傷。更進而因拖欠借款而被丟進大牢。釋放出來時，連僅有的一點點資產也被沒收，甚至住的房子也化為烏有。

後來，農德夫前往荷蘭，從荷蘭政府獲得定居於帝弗特的許可。可是，他病倒了，一八四五年八月四日悲慘地離開人世。

（上）主張自己即是路易十七世的農德夫。
（下）農德夫的墳墓。

真相一直被封鎖在歷史的暗處

現代法國有數的歷史家安東尼·卡斯多洛，是長年追蹤探究路易十七世問題的人之一。但是，他從里昂大修道院院長這個人手上，承受了據說是故路易十七世之物的頭髮。

這些頭髮，在法國大革命當時，是由名為克魯特瓦的國民公會議員所持有。羅貝斯比埃爾地位沒落之後，在搜查其舊宅時，克魯特瓦被收押在康歇喬利監獄裡，並在宅中發現了安特娃娜多的遺物。其中，也有這些頭髮。

卡斯多洛認為，這些頭髮就是路易十七世本人的可能性極高。其次，卡斯多洛也獲得了前述例子中戴蒙所持有的，以路易十七世身份在但卜爾塔死亡的少年的頭髮。

卡斯多洛委託以里昂市鑑定專門實驗所所長、鑑定學者的專業形象而在世界上聲譽卓著的卡羅教授，鑑定這兩組頭髮。備受矚目的鑑定結果如下：

「首先，顏色不同。戴蒙所持有的頭髮是帶紅色的，而里昂大修道院院長所持有的頭髮是金色的。一用顯微鏡觀察，就發現路易十七世的頭髮是透明的，在但卜爾塔死亡的少年的頭髮卻是不透明。

路易十七世的頭髮直徑在六十五~七十一微米（一微米是一厘米的一千分之一）之間變

化其長短，而但卜爾塔少年的頭髮直徑則在五十三～七十六微米之間變化著。路易十七世的頭髮具有髓管中心移位的罕見特質，而但卜爾塔少年的頭髮則看不到此一特徵。作為絕對性的結論，兩組頭髮並無任何類似點。」

在但卜爾塔死亡的少年，終究與路易十七世是全然不同的另一個人。果真如此，那就要作路易十七世與那恩德爾夫的頭髮鑑定比較。

那恩德爾夫死後一百年，卡斯多洛成功地獲得那恩德爾夫的頭髮，他立即寄到羅卡爾教授手上，可是，他的鑑定結果令卡斯多洛失望萬分。

在路易十七世的頭髮上被發現的髓管內的中心移位現象，在那恩德爾夫的頭髮上被發現。

那麼，那恩德爾夫也不是路易十七世囉？可是，這還不能那麼肯定地斷言。

首先令人不可思議的是，那恩德爾夫死亡的時候，受到帝弗特市市長的邀請諮商的荷蘭司法大臣，給予檢查官許可，讓他將那恩德爾夫視為「法國國王路易十六世與王妃瑪麗•安特娃娜多的遺腹子」而加以處理，製作死亡證明書等文件。

再者，後來鑑定過那恩德爾夫及路易十七世的筆跡的學者們，也都認同他們兩人是同一個人。其中，還包括了這方面的權威法院的筆跡鑑定家的Ａ•德•羅修塔爾。

另外，他身體上所留下的汚點及傷痕，後來根據許多王室昔日的侍從、僕役們的語言，那恩德爾夫關於路易十七世幼小時，詳細得近乎異常的知識，他所提出的證據，也一樣依然被否定，未獲採信。

而且，加上德•沙克斯•柯布爾公爵如此饒富興味的證明：

「普魯士的威爾赫姆公爵，於第一次世界大戰後發現了古文書館有『那恩德爾夫就是路易十七世』問題的文件。是那恩德爾夫託付給參議院議員魯•葛克，以證明他是路易十七世的文件。」

這份魯•葛克的文件，其實在路易•菲利浦國王下令調查那恩德爾夫之際，調查員們都看過了。這麼一來，國王突然讓調查中止的謎團就徹底地解開了。沒錯，為了調查發現了對那恩德爾夫的資料，國王便下令立即中止調查。

這份調查報告書雖以「紅皮書」的名義被保管在外交部，但一九四四年運送至德國之際，列車卻受到攻擊，被俄羅斯所奪走。

還有，瑪丹•羅娃娜伊耶留有一份交代著「死後第一百年才能公諸於世」的遺書，這份遺書現在仍常眠於外交部。當然，它老早已經過了期限，但並無公佈出來的跡象。

或許，這份遺書上記載著解決終結路易十七世身世之謎的證言也說不定……。

無論如何，路易十七世謎團被隱埋於黑暗的彼方。他的靈魂，現在大概正徘徊、流浪於某處吧？

第九章

瘋狂國王路托維希的末日

活在神話及歌劇幻想中之青年國王的一生

仰慕華格納的拜恩王國國王

現在德國的觀光路徑必定要進入，令人有「非到此一遊不可」的感覺，即是舊拜恩王國地方南部諾伊修旁秀大城。

這個位於森林中的白亞城，無論如何，是與鍾愛樂聖華格納的拜恩王路托維希二世的名字緊緊地連繫在一起。

拜訪此地的觀光客，雖一般認為一年間超過二百萬人，但其中日本佔了絕對多數是自不待言的。

這位路托維希二世，為了傾注心力於城堡的建築上，導致國家財政出現赤字，最後甚至被逼入廢位的境地，在史坦魯白克湖結束了悲劇性的生命，此事極為有名。

在慕尼黑南方的史坦魯白克湖畔，現今仍有廣大的南拜恩地方悠閒寧靜的田園風光。從別墅建得櫛比鱗次排列整齊的街道、曲曲折折地繞過林間小路，也分出了幾條通往湖畔的小徑，在彼方可以眺望雄大的阿爾卑斯群山……。

這個湖畔豎立了一個老舊樹木製成的十字架，這是代表十九世紀某一天在此展開的一齣悲劇的紀念碑。

一八八六年六月十三日的夜晚，在微暗的手提油燈光線下，兩具屍體被照出來。一具不消說是拜恩王路托維希二世，而另一具是他弟弟的侍醫古丁博士。他們在此湖畔悲慘可憐的溺死屍體被人發現了。

路托維希二世在十九歲即位為拜恩王時，其有如閃亮動人星星一般美貌，綻放懾人的光芒，被讚美為「恰似降臨於人間的神」。其清澄明亮的眼眸，湛藍得近乎悲哀，五官像女性般端正姣好。據說，他所乘坐的馬車一通過市街，女性們不知不覺地凝視沈迷著他，一副心蕩神馳的模樣。

被取了「處男國王」渾號的路托維希二世，一如這個渾號，四十餘年的生涯都過著單身的日子，在此期間，演員、貴公子、馬僮等年輕又美麗的同性們，全都成為他的戀愛對象，而同性戀在當時是被禁止的，人們無不視為忌諱。

然而，與這些奔放的戀愛生活完全不同的，他另外還有一生都無法忘懷的純潔之愛的對象。其中之一，是堂姊奧地利皇后伊莉莎白，而另一個即是里夏特•華格納。

路托維希二世自幼年時候即親近日耳曼民族的英雄傳說及騎士故事，不知不覺地深被華格納歌劇的魅力所迷住，開始想要接近他。

他一即位就立刻命令使者，讓他們去迎接投宿於秀茲特加爾多的旅館的華格納，在其間發生了這樣的事情。

華格納當時是五十一歲，為討債人所追逼，在輾轉於歐洲各地之後，對一向悄悄地隱身於當地便宜旅館的他而言，來自路托維希二世的邀請，的確是奇蹟的來訪。

路托維希二世賜予華格納國王所居住城堡附近的宅邸，支給他高額的年金，於是，君主與樂聖的奇妙友情開始了。

路特維希二世稱呼華格納為「我的老師、我的朋友、我的光」，華格納也記錄道：「我擔心他過於漂亮，會不會像夢般地消失無蹤，他正是我所有的幸福，如果他死了，那麼我也將在下一瞬間死去。」

路托維希為了華格納建造歌劇院及劇場，已經處於沒有他一刻也無法過的狀態。

完全得意忘形的華格納，過著窮奢極侈的生活，不斷地向人借錢，由國王一一地償還這些債務，這樣的情形持續了許久。

路托維希二世的重臣們，對如此意想不到的結果束手無策。就做這樣的事情而言，小國拜恩王國的財政沒有道理也不應該永遠負擔這筆開銷，實在吃不消。

於是，政府逼迫國王在國家及華格納兩者之中選擇一個，痛苦至極的路托維希，最後含淚決心解雇華格納，「休掉」他所愛的人。

（上）一生過著高潮起伏、波瀾萬丈日子的路托維希二世。
（下）路托維希二世所鍾愛的樂聖華格納。

建造城堡招致財政拮据，周遭都在策劃罷絀國王

失去自己所愛的華格納的路托維希，必須又再面對應付另一個試煉才行。因為，就連他暗中愛慕的堂姊伊莉莎白，也留下他一個人嫁給奧地利皇帝弗蘭茲•約瑟夫。

為之悲嘆不已的路托維希二世，逐漸地放棄國政，閉居於雪深的阿爾卑斯山中城堡，足不出戶。

這樣的他，接著開始熱衷、專注的事情，不外乎城堡的建築。一向親近華格納各齣歌劇的他，接下來，計劃建造與這些歌劇的登場人物相配稱的豪奢城堡。

如此一來，諾伊修旁秀達、林達霍夫、赫雷基姆塞等城，被投下鉅資，相繼建造出來。

然而，因為龐大的建築費用，國庫走上赤字這一條路，重臣們雖主張中止工程，但路托維希頑固得聽不進別人的意見，不肯聽從建議。

結果，想當然耳重稅上又累加上重稅，將王室財政賣斷給大富豪羅斯恰爾德家，由對方承擔王室的負責。羅斯恰爾德家一查帳，就發現王室果真向外國王室及國際上猶太人的資金借了鉅額的錢。

重臣們逐漸唾棄、厭惡這個「發了狂」的國王。於是，一八八六年初夏的某一天，政府

的緊急會議終於將路托維希視為「狂人」，醞釀罷絀他，並決定推派他的叔父路易多波特公爵攝政。

為此，政府請託當時著名的精神科醫師古丁博士，讓他開立證明證實路托維二世的確發瘋了。古丁博士是他弟弟奧多的侍醫，儘管長久期間未見過國王，但仍著手開始進行將國王判定為「狂人」的工作。

古丁博士開始從以往被路托維希解雇而懷恨在心的僕役口中，聽取種種狀況，博士以他們的證言為根據，列舉出國王發瘋的證據的，是如下的行狀：

•國王放棄國政，閉居於城堡，討厭出席宴會，勉勉強強出席一次時，也用花瓶或擺飾等物品立起與賓客之間的「屏風」，與衆人隔得遠遠的，避免交談，他為了可以不說話，讓人不停地演奏音樂。

•有時在繆恩亨的小屋舉辦雜交的舞會，極盡淫亂，美貌的年輕士兵們，被迫令在國王面前裸舞。

•出遠門時，國王不顧暴風雪，仍說：「到外面吃飯吧！」對眼看著即將凍壞的隨員們板著臉鄭重其事地說：「現在我們待在陽光拋灑下來的海邊呢！」

•因幻覺而苦惱，偶爾一聽見腳步聲就順嘴說出，喃喃自語，朝向沒有一個人的空間發笑，不知在向誰打招呼。

・國王讓人建造小型的巴斯狄約塔，作為僕從不聽他的話的拷問之用。

・國王將拜恩王國賣給普魯士的國王，打算用這筆錢購入其他的國家。其證據是，有一個顧問官基於搜尋新領土的目的，而被他派遣至國外。

・國王進食時，向掛在牆壁上的路易十四世及瑪麗・安特娃娜多的肖像寒暄，與他們交談，對旁邊的佣人說：「殷勤地對待客人，不可怠慢！」

落入陷阱而被逮捕的路托維希

一八八六年六月八日，醫師團製作了如下的文件：

「我們全體人員一致宣言如下的事情：國王陛下罹患了名為偏執狂（妄想狂）的精神病。這是拖延甚長、久病不癒的疾病，很可能給執行政務帶來障礙。

陛下今後或許會愈來愈喪失理智。因為，由於生病的關係他的意志會完全受到破壞，所以我們認定：今後國王不可能執行王權，無法掌理政務。」

報告書可以正式地獲得路易特波多公爵的承認。於是，被當局集結組成的國家委員會為了逮捕路托維希二世，終於開始著手準備前往諾伊修旁秀達城的事宜。

委員會的成員包括宮內大臣克拉伊斯海姆男爵、參事狄林古伯爵、路易特波多公爵的心腹華辛頓中校、霍爾修當伯爵等人。

另一方面，在諾伊修旁秀達城時路托維希儘管當然也畏懼政變的情勢，但大勢已去，無計可施，他只好茫然地過日子，虛度光陰。

那一夜，諾伊修旁秀達城被萬籟俱寂、雅雀無聲的夜幕所封閉，一片寧靜。路托維希偶爾會站立起來，從城堡的某一房間走到另一個房間，宛如靈魂脫竅一般地徬徨著，表情呆滯無神。

隔天十一日的午後，城堡的警衛也由路易特波多公爵的手下們所取代，僕從也大半離開城堡，路托維希的身旁，僅僅剩下三名僕從侍候他。於是，那一天的正午從繆恩亨出發的委員會成員一行人，隔天十二日黎明終於抵達諾伊修旁秀達城。

迎接了一行人的僕從之一麥爾向他們申訴，路托維希二世有自殺的可能性，因此，委員會一行人想出了一個計策。讓麥爾聲稱他找到了路托維希下令搜尋之塔上的鑰匙，想要將路托維希引誘過來。

「陛下，好不容易找到了鑰匙。」

聽了這句話，關在房間裡不出來的路托維希二世飛奔出來，像要從麥爾的手中搶奪鑰匙般地拿下鑰匙。他跑過走廊，想要跑上樓梯時，突然從暗處跳出九個男人將他整個團團包圍住，令他措手不及。

古丁博士在拼命地想要掙脫被抓住手臂的國王面前，毫不客氣地直言：

「陛下，對我來說，這是一生中最艱辛的任務，四位精神科醫師製作了關於陛下病情的報告書，其結果，一致決定由路易特波多公爵攝政。就連我，也受命在今夜之內將陛下帶到伯克城去。」

經過短暫的沈默，路托維希二世與古丁博士兩人面對面地互相瞪視著。可是，路托維希的手臂忽然鬆軟無力地垂下來，毫無表情的聲音無力地傳出：

「連診察我都沒有做過，怎麼可以說我是發狂的人。」

國王及博士身上發生了什麼事情

如此一來，世紀性的政變非常簡單地獲致成功了，過程極為短促。六月十二日凌晨四點，終於被逮捕的國王向僕從們告別，坐上前來迎接的馬車。

抵達伯克城之後，路托維希極為平靜。他絲毫沒有亂吵亂鬧、反抗，彷彿一點事也沒有似的，就像平日的生活一樣地吃飯、品酒，然後早早地就寢。

或許，他意識到自己已經無法脫逃了。古丁博士也好、憲兵們也好，都很滿意國王順從的態度。

後來，翌日六月十三日的傍晚，一直下個不停的雨，好不容易停了。此時，路托維希突然開口表白，希望到史坦魯白克湖畔散步。

對他聽話合作的態度很滿意的古丁博士，爽快地答應了這個要求，由於他討厭有憲兵跟隨，因此博士便一個人隨從他去。擔任「跟班」的角色。

於是，路托維希二世與古丁博士套上大衣，手裡拿著傘，留話給其他人說：「晚上八點回來。」就外出散步去了。

晚上八點半，四周突然變暗，雷鳴聲轟轟作響，劇烈的雨勢再度降下，可是，國王及博士尚未回來，而大家完全不擔心。

貝克城內大大地騷動起來，人們議論紛紛，國王的手下立即向繆恩亨發出國王失蹤的電報，無論憲兵、看護人、僕從們都拿手提油燈拼命地搜索森林、草木繁茂處，想找出國王。

擔心國王萬一有意外可大事不妙的衆人，在微暗之中將釣魚的小船划出去，開始在湖面上搜尋，此時，某人發出的叫聲，頗引人注意：

「划槳碰到什麼東西了。」

「點上燈！好像是人的身體呢！」

衆人慌忙地將手提油燈挨近，立刻發現一點也沒錯，這個東西正是襯衫打扮的路托維希二世的遺體，接著，古丁博士的遺體也在附近被發現了。國王的帽子、大衣、雨傘，都陸陸續續地被發現……。

自此之後，世紀性的玄妙神奇事件於焉開始。那一夜，兩人身上到底發生了什麼事情呢？路托維希二世、古丁博士的游泳技術都很高明，所以，遭遇不測事故的可能性，無論如何是先被考慮的。

古丁博士的脖子上有被勒過的痕跡，再者，右手的一片指甲開始剝落。調查的結果，被推測出博士似乎是被國王扼緊脖子而窒息死亡。

湖岸邊有明顯格鬥的痕跡。岸邊的泥土被挖剜過，水邊留下六個腳印。後面的腳印比前面的腳印稍大，朝向水位較低的方向而去。

是不是在岸邊不停地格鬥之後，國王殺了博士而前往湖面呢？這個說法的證據是，因為博士的遺體在湖面浮沈之際，是以頭部浸水的姿勢被發現的，相對於此，國王的遺體是完全浸在水中。

逼近真相的三項假說

但是，事件的真相大致分為「事故說」、「自殺說」、「逃亡說」等三項說法。

第一項假設是事故說。兩人在湖畔散步的時候，路托維希二世精神病發作了，而扼緊博

（上右）路托維希二世投下龐大費用所建造的諾伊修旁秀達城。

（上左）與路托維希二世同時死亡的古丁博士。

（下）描繪了路托維希二世與古丁博士的遺體被發現時情景的圖畫。

士的脖子將他勒死了。博士儘管意識變弱了，但仍緊緊地摟抱住想逃跑的國王的腳，一直翻滾至水邊。

不過，這個情形有一點疑問：當時游泳技巧高明、身材高大、體力不錯的國王，為什麼溺斃在淺灘？檢視了兩人遺體的繆拉博士，推測國王在水中心臟病發作，於是發生一連串的事情。

第二項假設是自殺說。有人說，過度思慮再也無法重獲自由而鑽牛角尖的路托維希二世，在絕望之餘選擇死亡一途。

在湖畔散步時，國王按照老早擬好的計劃，突然開始脫下帽子、大衣及上衣。大吃一驚的古丁博士，雖想阻止國王停下腳步，但國王就那樣朝向湖面搖搖晃晃地走出去。博士走近國王，拼命地摟抱住國王的背部，卻反而被毆打一頓，被勒緊脖子。

之後，國王一個人慢慢地進入湖中。然而，格鬥之後必定疲累不堪，身體無法照著自己的意思去做某件事，而且，水又冷冰冰。為此，國王逐漸地神志昏迷……。

最後的第三項假設是逃亡說。姑且不論是一個人決定的，或是參與外部的計劃，決心逃亡的路托維希二世，與古丁博士在湖畔散步時，身體開始可以活動自如，突然脫掉上衣，朝向湖面而去……。

國王雖勒住追趕過來企圖制止自己之博士的脖子，扼殺了他，但他本身也發生心臟痲痺現象，一命嗚呼哀哉……。在那一瞬間，他也沒有想到事情會是如此的結果，自己的下場竟然如此悲慘。

那一天，國王似乎吃得稍微過多了，水又過冷，或許就因為這樣，在水中便發生了心臟痲痺的現象吧！

這麼說來，這次的事件過後，在城堡南門附近發現了馬車車輪的痕跡，還有數人說，在同樣的時間也發現了不熟悉的馬車。

如果有人企圖讓路托維希逃走，這個人說不定是奧地利皇后伊莉莎白。

事實上，伊莉莎白嫁給奧地利皇帝之後，兩人仍彼此以「鷲」、「鷗」互稱，繼續秘密地魚雁往返，互通音訊。

不知是否出於偶然，那個關鍵性的六月十三日，伊莉莎白知道了滯留於諾伊修旁秀達城的路托維希二世被捕的消息，步行來到史坦魯白克的湖畔，在附近的小旅館訂了房間。

雖正式的記錄上她被認為十三日那天一直待在旅館，但她那個節骨眼來到貝克城附近一事，很難令人認為只是偶然的巧合而已。

六月十五日，回到繆亨居城的路托維希二世的遺體受到國民的迎接，數千名國民花了三天三夜排了長長的隊伍，等著向國王告別。

他們所準備要為國王餞別的無數花朵，將國王的靈柩裝飾得華麗極了。

據說，他享年四十歲，從中年開始身體開始發胖，完全變成與俊美的青年期不同的另一個人似的。

他在戀愛上失敗了，美夢破滅了，又丟去友情，之後便宛如想要填補心靈的空虛一般，從一個美青年到另一個美青年，繼續不斷地追求著被禁止、忌諱的愛情。

另一方面，他將自己關閉在屋裡足不出戶，偶爾像受不了般地嗚咽哭泣起來，旁邊的人都聽到他呼喚伊莉莎白的名字。

路托維希去世之後，他的弟弟奧多成為僅是名義上的拜恩國王，路易特波多則以攝政的身份掌理了政務。

一九一三年，由於路易特波多公爵的逝世，翌年他的長子繼承了王位，成為路托維希三世。但是，一九一八年十一月，在第一次世界大戰宣告終止的同時，拜恩王國被解體了，韋爾第斯巴哈王朝也面臨了終結的命運。

第十章

假面具公爵蓋汶狄茲修的謎團

別人？同一個人？
近二十年之間使英國騷動不安的怪異事件！

突然提起的不可思議的訴訟

一九〇七年十二月三十日，儘管是從早到晚下著毛毛雨的天氣，但是，海歌伊墓地一六一〇號的地下納骨所，從一大早就有大群起哄吵嚷的人蜂擁而至。

之所以這麼說，是因為關於貝加街的家具商人湯瑪士・C・德斯死亡的話題，已成為全倫敦人矚目的焦點。而且，這一天為了實地檢查，他的墓塚即將被掘開了。

事件的發端是這樣的：

──四十三年前的一八六四年十二月二十八日，倫敦的貝加街的富裕家具商人湯瑪士・C・德斯突然暴斃而亡，就那樣不明不白地撒手人寰。

但是，二十二年後的一八八八六年，一個女人出現了，突然提起了震撼人心的訴訟。

據她說，其實湯瑪士・C・德斯這個人並不實際存在，這是第五代波特蘭德公爵蓋汶狄茲修的假身份、假面目。

而且，她又說他不是死於一八六四年，實際上波特蘭德公爵蓋汶狄茲修是於一八七九年去世。

這是一件如何如何麻煩、複雜的事件，她所主張的事情，簡單地說是這樣的：

蓋汶狄茲修出生於英國，是一位有數身份高尙的貴族世家，有時實在非常不悅於身爲貴族的艱苦生活，愈來愈不耐煩備受拘束的日子。

因此，約從一八四四年開始，他偶爾溜出居住的城堡，出沒於倫敦的街道，扮裝成貝加街的家具商人湯瑪士·C·德斯，過著雙重生活，像個兩面人似的。

蓋汶狄茲修在那裡以家具商人的姿態獲得成功，事業上頗有斬獲。他不但如願地轉換了身份，而且在二十年之間更建立了龐大的財產，在第二次婚姻裡也生了孩子。

——然而，不久蓋汶狄茲修就厭倦了像這樣扮裝兩個人的雙重生活，不想再當兩面人，一八六四年，他突然演出一齣讓湯瑪士·C·德斯死亡的戲，隨著湯瑪士·C·德斯的「永遠消失於人世」，他的雙重生活才得以告終。

之後，他恢復在居城的生活，一八七九年，以「正宗」的波特蘭德公爵蓋汶狄茲修的身份離開人世。

如果她的主張是真的，那麽，她及湯瑪士·C·德斯的兒子們就可以第六代波特蘭特公爵的身份，獲得繼承英國最大的領地及一千六百萬英磅等龐大遺產。

提起這次訴訟的人，是湯瑪士·C·德斯已故的長子渥爾大的妻子安妮·C·德斯。

安妮·C·德斯到英國女王的司法大臣及內務大臣那兒提起此一訴訟，強烈地要求實地檢查位於海歌伊墓地的湯瑪士·C·德斯的地下納骨所，重驗遺骨。

常用假面具的謎樣人物

但是，波特蘭德公爵蓋汶狄茲修究竟是什麼樣的人物呢？在此簡單地介紹一下吧。

威廉・約翰・蓋汶狄茲修・班丁克是曾位居首相高職、英國有數的名門貴族，一八〇〇年出生於波特蘭德公爵，成為公爵的次子。

一八二四年他由於兄長的死亡而成爲狄契非爾德侯爵，一八五四年，由於父親的死亡繼承家業而成波特蘭德公爵。

威廉・蓋汶狄茲修的一生，被深深的謎霧所籠罩著。

無論如何，在他一八七九年離開人世之前，非但周圍的每一個人都不知道他過著什麼樣的生活，甚至連一個看過其真面目的人也沒有。

當他出現在衆人面前時，必定以假面具遮掩臉孔。後來他死亡時，也是保持戴上假面具的樣子而埋葬。

他雖從相當年輕時就擔任國會議員，但逐漸厭惡出現在大庭廣衆之前，終於養成了只在晚上外出的習慣。

再者，蓋汶狄茲修的唯一興趣是建築。

他繼承了父親波特蘭德公爵的龐大遺產，就將全英國一流的建築家及工匠集合到自己的身邊，成為其手下，著手進行城堡的改進。

受雇於他的人，只有一件事絕對必須遵守。那就是縱令有什麼事情，也不可以直接向主人寒暄、攀談，更不可以由自己這一方主動地打招呼。

然而，因為公爵在借貸方面都毫不吝惜地給予手下，所以從全英國有超過一萬五千人以上的工匠聚集在他身邊。為此，他所在的地方小城鎮威爾貝克・亞貝伊大大地熱鬧起來。

城堡的周圍建造了一大排小屋型的工寮，人馬連續地出出入入，不斷地將建材搬進來。可是不可思議的是，經過一年、經過二年，城堡的外觀仍與以前沒有兩樣，沒有一點點改變。

覺得納悶而猜疑起來的人們，過了一陣子就開始明白了，其實工程並不是在地上進行，而是在地下方向進行的。

耗費數年，地下好不容易終被掘毀，緊接著泥水匠、木匠及內部裝潢業者開始出入。

於是，開工之後的十年，終於完成了往地下逆向建造、聳立而豪華絢爛的城堡。

一百個以上的房間像迷宮般錯綜複雜地交集著，長長的廻廊連接著各個走廊，通往各房間。

四處有被隱藏於草木繁茂處的五十餘個出口，這些出口通往庭園中無數的廂房。

城主蓋汶狄茲修，偶爾會突然從這些房間的其中一間冒出來，他的現身，無非是要叱責怠惰偷懶的僕役，或是吩咐命令事情。而他每次出現，都一直保持戴著假面具的模樣。

被二十個枝形吊燈所照明，深度為五十公尺的大廳，廣大得幾乎可以舉辦邀請數千位客人的舞會。

大廳的中央，擺設著十五公尺見方的巨大桃花心木桌子，窗戶上懸垂著如歌劇院的簾幕般的布幔，牆壁上吊掛著幾幅價值數億英鎊的巨匠名畫。

除此之外，也有從全世界蒐集了貴重古文書的圖書館，以及十二台撞球台並列成排的遊戲室。這些房間，全都被統一色調為粉紅色。

還有，也有連接廚房與其前方一百五十公尺處的餐廳地下道，直接通往至鄰近的村莊，全長二公里的隧道，以及連接領地之內的各地建築物，全長數公里的地下鋪道等等。

然而事實上，無論在這個城堡舉辦舞會，或是在遊戲室撞球比賽，都未曾一次玩得興高采烈，根本沒有任何賓客來過城堡。

為什麼呢？原因是蓋汶狄茲修絕不想邀請任何人來這個城堡。

在號稱數百個房間裡，他所使用的只有五、六間而已。其中的一室，四面牆壁全部做成壁櫥，在那裡有堆積如山的紙箱。

紙箱之中完全是男性用的假髮及假鬍子，都是蓋汶狄茲修愛用的物品。

地下的中央，有寬廣的馬棚，以螺旋狀的隧道通往地上的前庭。

蓋汶狄茲修每天早上固定以馬車通過這裡。然而，他究竟到哪裡？做什麼事情？誰也不知道。馬車的窗戶上懸吊著窗簾，無論馬車伕或僕人，都被嚴格地禁止詢問去處，只管聽從命令即是。

一抵達倫敦的哈考爾屋，馬車再度進入地下，車伕就那樣保持窗簾緊閉的原狀，留下馬車就直接回去了。

之後，蓋汶狄茲修在哪裡做什麼事情，如何渡過呢？誰也不清楚。他無論整個白天或夜晚，都不在某處的俱樂部出現，留下蹤跡，也不在沙龍或劇場現身，因此，沒有一個人知道他的行蹤。

這種情形，以他身為當時普遍喜好社交的貴族而言，是極為少數的特例，可以說是破天荒頭一遭。

蓋汶狄茲修是一個如圖畫中所描繪，所謂「性情古怪者」的人。他不僅經常戴著假面具，連炎夏也不離手地帶著大衣及雨傘，他是大財主，要什麼有什麼，但每天的三餐卻極為儉樸。他每天宰殺一隻雛雞，早餐吃其中的一半，晚餐再吃剩下的一半，諸如此類怪異的行為，是他長期所採取的行為模式。

偶爾，他突然將牆壁上所裝飾，一張價值數億元之多的繪畫作品，在庭院點火燃燒。僕役驚慌失措而阻止他時，他就若無其事地回答：因為這是不配稱於裝飾自己的美術陳列室的作品，所以不如燒了。

蓋汶狄茲修殺了弟弟嗎？

事實上，蓋汶狄茲修有理由在地下建造城堡，並且逐漸閉門不出。

他有一個名為約翰的弟弟，相較於兄長威廉的醜陋，弟弟約翰是個英俊的男人。約翰的生活一直被他與社交界的美女們的緋聞、醜事所點綴，顯得多彩多姿。在賽馬方面，據說他所擁有的馬包辦了最高獎，每次出賽就連戰皆捷，贏得勝利，總而言之，他過著極為奢華的生活。

一八四八年秋天的某一天，鄰近的領主曾經請約翰赴宴會。那一晚，據說約翰讓隨從先走，自己則在散步的時候，順便走了十公里的路，悠閒自在地外出。

但是，到了夜裡他仍未回來，所以擔心不已的僕役就去搜尋，居然就發現：月光之下，他掛在牧場的柵欄上，已斷氣多時了。

他沒有外傷，死因不明，可是「是不是兄長威廉殺了他」？的流言散佈開來。為何有此一流言呢？原因是，那一天的早上，有數名僕從目擊了兄弟兩人因金錢方面的事情而發生嚴重的口角。

檢視了約翰屍體的醫師，雖作出了「死因為狹心症」的診斷，但約翰也是一個身強體健的運動員，此一檢視結果留下了疑點。

之後，兄長威廉在地下建築城堡，這個舉動，或許與弟弟約翰的死有密切關係。

「是不是因為對於受到嫉妒所驅使，殺了過著遠比自己絢爛生活的約翰一事的悔恨，以及自己容貌的醜陋，招致他的厭世感，終於讓他決心避開世人的眼光，關閉於地下的城堡呢？」等等……各種各樣的傳言流傳著。

很遺憾地，至今誰也不清楚他是否真的殺了弟弟？再者，也不清楚他為何建築聳立於地下的城堡？然而，從此事大概也可以瞭解他是一個怎麼樣的人物了。

蓋汶狄茲修至死之前一直戴著假面具，或許是為了遮掩與生俱來醜陋的容貌吧？

他的真正容貌，甚至連家人也不甚清楚。為此，一八七九年蓋汶狄茲修去世以後，波特蘭德公爵一家人被捲入了奇妙而不可思議的騷動中。

被視為同一個人的數項證據

一八六四年十二月二十八日，倫敦貝加街的家具商人湯瑪士・C・德斯去世。

繼承家業的次子哈巴特，率同數名店員、助手舉行了父親盛大的葬禮。

自此以後的二十二年後，湯瑪士・C・德斯已故長子渥爾的妻子安妮，突然提起了某項訴訟。內容是說，湯瑪士・C・德斯其實即是第五代的波特蘭德公爵，自己有權利繼承波特蘭德的遺產。

她的主張如下：

・位於海德伊第一三六一〇德斯家地下納骨所，一八八〇年渥爾被埋葬於此時，以及一八九三年湯瑪士・C・德斯夫人被埋葬時，雖都被掘開了，但一八九三年掘開時，一向放置在湯瑪士靈柩之上的渥爾靈柩，被深深地固定在下面的棺木裡。這也就是意味著下面的棺木裡並未放入任何東西的證據。

・一八六五以後，得到數人聲稱見到仍活著的湯瑪士的證言。

・一八六四年湯瑪士死亡的時候，一名店員受命帶來了大量的鉛塊，而這意味著為了給空棺帶來重量的舉動。

況且，對安妮而言最有利的一點是，湯瑪士的死亡證明書上並無照顧看護其臨終期的醫師們的署名，這一點在裁判的審議過程中已被證明了。於是，關於湯瑪士的死因的疑惑更為加深了。

傳播媒體大寫特寫，將此一裁判當作醜聞而惡意中傷德斯家族，全倫敦的人們，眼光被裁判的進展所吸引，注視著新的變化。

報導裁判經過的報紙論調，是強烈地主張掘開湯瑪士被埋葬的地下納骨所，檢視遺體，除此之外再也沒有更能確定真偽的方法。

然而，此時由於湯瑪士的繼承人，其次子哈巴特的反對，遺體的實地檢查未實現。他從頭至尾堅持己見，自認父親去世時自己確實看到了靈柩中父親的遺體。

之後，提起訴訟的安妮去世了，湯瑪士・C・德斯與前妻所生，名叫約翰・H・德斯的男人，承接了此一訴訟。

他也與安妮一樣，主張波特蘭特公爵家的遺產繼承權。再者，為了籌集訴訟費，他設立名為「波特蘭德公爵遺產請求股份有限公司」，公開招募每股一英鎊的股票一萬股，將所有股票銷售一空。

投資人在德斯家贏得訴訟時，將會從波特蘭德公爵家的鉅額財富中，回收一部份資金。而且，他針對訴訟羅列出湯瑪士與蓋汶狄茲修如下的共通點，作為強力的證據：

・罹患遺傳性的皮膚病。
・身高約一七六公分，體重約八十三公斤。
・喜好清淡的味道，討厭瘦肉，喜好雛雞及魚。
・秘密主義者，維護個人隱私，行事小心謹慎。

慣。

•興趣為建築及改建，雖雇用了大批的建築家，但工程經常都是自己本身監督進行。

•興趣是戴各種各樣的假髮，一向蒐集假髮。

•討厭被人看見，愛用附有獨特屋頂的馬車。

•喜好秘密旅行，有歷經長期躲避起來不露面，然後，出乎意料地出現在人們面前的習慣。

•不善於社交，討厭與別人接觸。

•對周遭的人常抱持猜疑心，只有少數的僕役成為他坦言說出自己秘密的對象。

•非常厭惡自己的私生活被提出來談論，成為人們的話題。

•關於身邊周遭的物品配置，非常難以取悅，老是板著臉，不能和顏悅色。

•藉口說對皮膚病不好，為了躲避日光的照射，隨時都使用遮陽傘。

•討厭自己先打招呼之前被人寒暄、攀談。

之後，訴訟仍繼續著，約翰•德斯當前的問題，是如何做才能以最小的費用而保持利於自己主張的局面，也就是如何打一場持久戰，贏得訴訟。

他也擔憂民事訴訟上的費用愈來愈增加，負擔愈來愈大。如果慌張失措，那麼很顯然地，將會有利於擁有龐大財產的第六代波特蘭德公爵的一方。

因此，約翰與他的捧場人、跟班人們想出了某個巧妙的手段。

那就是以湯瑪士的次子兼繼承人哈巴特作為「偽證者」，提起訴訟，控告波特蘭德家。哈巴特曾經為了實地檢查德斯家的地下納骨所，斷然拒絕掘開墓地，而且，他也宣誓過：「湯瑪士一八六四年十二月二十八日死去時，自己的確看著他到死亡的最後一刻為止，整個過程都親眼目睹了。」

因此，檢查官下令試著打開湯瑪士的棺木時，萬一是空的，那麼哈巴特就犯了偽證罪。而且順利的話，約翰一夥人也可獲得波特蘭德家的遺產。

於是，一九〇七年十月在倫敦的美亞利波爾法院，以約翰・C・德斯為原告，以哈巴特為報告的訴訟審理開始了。

約翰在這個法庭上，要求檢查官傳喚瞭解、認識第五代波特蘭特公爵蓋汶狄茲修及湯瑪士・德斯這兩方，進而主張兩人為同一個人的數位人士，作為證人。

首先第一個被傳詢的證人，愛爾蘭裔的美國人亞伯特・柯爾德威爾如此敍述：

他自己罹患了某種皮膚病，曾有過為了治療這種疾病而非常艱辛痛苦的經驗。一八六三年由英國渡海來美國時，因同樣為了皮膚病而苦惱的波特蘭特公爵教他治療法的機緣，而使兩人變得親密。

他曾經親自拜訪過公爵在威爾貝克（波特蘭特公爵的城堡），以及貝加街（湯瑪士・C・德斯的住所）這兩方的家。在貝加街，當然也一直與身份為「湯瑪士・C・德斯」的他有所來往。

一八六四年十二月，波特蘭特公爵的確讓人製作棺木，在其中放入鉛塊，當作湯瑪士的棺木，他自己也知道，「湯瑪士」的棺木埋葬在海歌伊基地。

第二個證人是名為瑪麗・羅平頌的女人，他做證說，自己曾因著名作家查爾斯・狄凱茲的推薦，而擔任波特蘭德公爵蓋汶狄茲修的秘書，為他服務了一陣子，但是，她也知道，其實他就是湯瑪士・C・德斯。

另外，平日製作波特蘭德公爵服裝的西服店，也承認了湯瑪士所穿的衣服，的確是波特蘭特公爵的衣服。

還有，某名木匠做證：自己受命打造湯瑪士的靈柩，在其中裝入鉛塊。

針對這些證詞，辯護律師方面要求傳訊的證人之中，一名從十五歲到七十七歲，一直擔任德斯家護士的凱撒琳・貝利，這麼做證說：

自己一次也未曾聽過湯瑪士生前說到關於波特蘭公爵的事情。後來，自己的確親眼看著湯瑪士・C・德斯死亡時的經過，直到最後一刻。

湯瑪士罹患了瘻性（腫疱、疙瘩之類）的疾病，從死亡三週前就臥病在床，未曾下床。

而且，他約在死亡的十天前動了手術，但並不順利，結果於十二月二十八日凌晨一點去世。

在死亡的瞬間，湯瑪士在兒子哈巴特的注視下，一邊被凱撒琳親手握著手，一邊嚥下最後一口氣。

審判的結果雖被判定不同的人，但……

於是，湯瑪士・C・德斯葬禮後的第四十三年，一九〇七年十二月三十日，海歌伊基地一三六一〇號地下納骨所為了實地檢查而被打開。

那一天凌晨五點，電氣工程的工作人員一行人前來，在天花板內側裝置電燈，接著一組泥水匠拆除了墓塚入口的石板。

上午十點，帶著簽上倫敦監督區顧問名字之許可證的負責官員抵達墓地，不久，當天的主任病理學家貝巴博士及監督官史奇賓頌卿出現了。

一切準備齊全，納骨所的門終於打開了。

地板上鋪著防水布，除去了草坪及泥土，作業人員正用絞盤移動覆蓋納骨所的大塊鋪路石。

用白色磚瓦包圍的地下納骨所，垂吊著燈光，被放到梯子上的作業人員紛紛下來。

作業人員首先將C・德斯夫人的靈柩綁上繩纜，拖到地面上來。

德斯夫人靈柩所在的石板，一塊一塊地剝揭下來，最後就從石板下方出現了被覆蓋上舊布的湯瑪士・C・德斯的靈柩。

綁上繩纜的靈柩，小心謹慎地拖到地面上來。靈柩上的名牌雖相當髒，但經除掉污跡，立刻浮現了如下的文字：

「湯瑪士・查爾斯・德斯

一八六四年十二月二十八日逝世

享年七十一歲」

至此，雖確認這個靈柩毫無疑問必是湯瑪士・C・德斯的靈柩，但問題是，這個靈柩放了誰？或是裝了什麼東西呢？

兩名葬儀式的工人，小心翼翼地卸下靈柩的蓋子，發現靈柩是雙層式的設計，一個比外層小了一圈的靈柩赫然在目。

這個靈柩，也刻上了與外層靈柩上同樣的大字。進行著拍照存證、測定靈柩的尺寸，作業一項接一項地推展著。

接著，一名工人將靈柩四角鉛板的邊角徹底切掉，取下裝在鉛板上的木板，一看，一個纏了壽衣的男人遺體從靈柩之中出現，那具遺體，是留了鬍髭的老人遺體。

確認了靈柩並非空的。靈柩之中的確放進一具老人的遺體。

之後，檢視的工作重點只剩下確認這具遺體是否為湯瑪士・C・德斯本身而已。

這個檢查之後，在再度召開的審理席上，貝巴博士報告結果說：被記載為「湯瑪士・C・德斯」的棺木之中，是一位六十五歲左右、身高約一百七十五公分的男性遺體，保存的狀態良好。

他說，遺體的容貌容易辨識，與殘留下來的湯瑪士・C・德斯的照片全都吻合一致。而且，遺體證實罹患了癭性的疾病，與記載於湯瑪士・C・德斯的死亡證明書上的死亡原因全都吻合一致。

為了更加慎重起見，湯瑪士最早以前直到後來雇用的佣人，亦即遺體實地檢查時，也到場會同檢查的約翰沙克拉，被傳喚擔任證人。

他做證：靈柩之中的遺體必定的湯瑪士・C・德斯的遺體無疑。

於是，法官採納了實地檢查及證詞，下了「湯瑪士・C・德斯與蓋汶狄茲修是不同的兩個人」的判決。

約翰・德斯一夕致富的美夢，很快地破滅了，他徒勞無功地回到移居處奧地利去了。

後來，做證說兩人是同一個人的瑪麗・羅平頌及馬格莉特・漢彌頓，因偽證而被判罪，送到監獄。

如此一來，長達二十年之間使全英國騷亂不已的爭論，終於劃下了休止符。

然而，實際的情形並不是那麽簡單，認為事件因這一次的爭論就此終結，未免言之過早。因為，湯瑪士・C・德斯的遺體雖被確認是本人的遺體，但另一方面，波特蘭特公爵蓋汶狄茲修的遺體卻未被確認。

據說他直到死亡為止，一直戴著假面具，並且保持戴了假面具的原狀被埋葬了。也就是說，以湯瑪士・C・德斯的遺體僅僅被確認是本人的遺體而言，要作為不同之兩個人的證據並不充分。

另外，湯瑪士・C・德斯的遺體被人偸換的可能性也不容否定，並且，至今仍這麽主張的人們也未曾間斷。

爭論至此暫告一個段落，被打住了。

結果，最後第五代波特蘭德公爵的一生，仍被深深的謎霧籠罩著。

要解明這個謎底，除了現場檢查蓋汶狄茲修本身的遺體，試著看一看他被隱藏於假面具背後的真面具之外，別無他法……。

第十一章　最後的公主安娜絲塔夏仍活著嗎？

逼近羅曼諾夫王朝最後謎團的真相！

跳入運河的女孩是俄羅斯公主嗎？

時間是一九二〇年二月十七日，一個年輕的女孩跳入德國柏林的蘭特貝爾運河之際，被警官救了起來。

在輪值室裡，女孩很快地恢復了意識，她是年僅二十歲左右的年輕少女，濕透的頭髮之下，可愛的容貌瞟視著人。

警官問她姓名及住址，她也沈默不語。調查其衣服及所攜帶的物品，也無法得到任何線索。困擾至極的警官，只好將她送到附近的精神病醫院。在那裡，她的態度並未改變，醫師及護士溫和親切地與她交談，她也頑固地閉緊嘴巴，什麼話也不想說。

當時負責治療的醫師，對這個謎樣的女孩，這麼說道：

「她似乎總是很不安，斷定被某人所追逐，非得隱藏自己的身份不可。她非常害怕與人接觸，想盡辦法不讓人分辨出來。於是故意地拔掉門牙，在鏡子前面花上數小時企圖改變髮型。然而，她給人的感覺，無論是應對或教養都很良好，爲接受過良好教育的貴族。」

某一天，與謎樣的女人同一病房的包伊狄爾特小姐，瀏覽寫真雜誌時，她的眼光突然被某一頁所引住了。她忘我而看得出神，那是前俄羅斯的三位公主的照片，在這些照片旁邊，被加註了這樣的解說：

「成為俘虜之後的公主們最後的照片。左邊是招致沙皇一家全被殺害，傳說住在巴黎的公主安娜絲塔。」

包伊狄爾特小姐將眼光移往鄰床的女孩身上。然後，好像要將女孩看穿似地凝視著她，這麼叫嚷出來：

「我明白了。妳到底是誰呀……」

謎樣的女孩膽怯起來，驚慌失措地將手放在嘴上說道：

「噓，閉嘴！」

然而，包伊狄爾特小姐更加確信了，她說這個女孩是「奇蹟獲救的俄羅斯公主」。

的確，雜誌上的公主與謎樣女孩的容貌一模一樣。

沙皇一家真的全遭殺害了嗎？

在蘇聯的正史裡，俄羅斯革命爆發的一九一八年七月十六日，沙皇一家全被布爾什維克黨人所殺害了。

一九一七年十月，發生俄羅斯革命，建立布爾什維克政權，沙皇尼古拉二世一家就被逮捕，與數名僕從、隨員一起被送到烏拉山中的艾卡查林堡，數個月之間，在「伊巴契夫館」的建築物裡過著嚴格的監禁生活，行動完全受到控制。

此時，沙皇五十歲、皇后四十六歲，十四歲的皇太子因血友病而一直臥病在床，生活完全在床上渡過。四位公主們，奧莉佳二十一歲、達奇安娜二十歲、瑪麗亞十九歲，以及最小的么女安娜絲塔夏十七歲。她是個活潑、愛鬧玩笑，帶有淘氣成分的女孩，卻頗受大家喜愛，人緣極佳。可是，一九一八年七月十六日，此一監禁生活突然告終了。

就蘇聯歷史的普通論調而言，皇帝一家全體成員是在這一天的深夜被叫到「伊巴契夫館」的地下室，在那裡被槍殺。

翌日，一家人一個也沒有留下，全都消失了蹤影；而之後卻留下了許多謎團。

剛開始時，蘇聯當局提出了正式的佈告，聲稱事件當時被處刑的只有沙皇一人，其他的家人已被移往別處……。

但是，事件之後四天，從艾卡查林堡郊外的廢墟，發現了疑似皇帝一家人遺物的寶石及一部份衣物、男人的手指及假牙等等，每一個東西都殘留著燈油的臭味，「皇帝一家人終究全遭殺害了」的傳言，便愈來愈廣的擴展開了。

當時國內因內戰而分裂成兩半。三月德國雖努力達到促成兩方私下講和的地步，但在國內，革命勢力的紅軍及反革命勢力的白軍，仍一直在各地蔓延著。

俄羅斯帝國最後的公主安娜絲塔夏

有關皇帝一家人的行蹤，政府並無責任的傳言不斷地散佈之中，來自各方的調查團被送進俄羅斯。尤其是皇后的祖國親戚們，以「保護自己國家的公主們」爲藉口，從獨自的管道開始進行了搜查。

關於索可洛夫的調查之四項疑點

一九一九年二月，成為白軍第三位調查官的索可洛夫，以在伊巴契夫館及廢墟所發現的物證及證詞為根據，下了「皇帝一家人已經全被殺害了」的判斷。

但是，實際的情形卻是，在內戰之中白軍處於形勢不利的階段，索可洛夫似乎受命列出對布爾什維克的憎惡，而大書特書，將皇帝一家人寫成首當其衝成為布爾什維克的犧牲者。

他的調查結果，於一九二四年以「俄羅斯皇帝一家人被暗殺事件的法律調查」為題出版，這份出版品的內容，成為歷史上的定論。

索可洛夫的「沙皇一家人全遭殺害說」的論據，有如下四點：

①布爾什維克本身報告皇帝一家人皆被殺害的電報，應該是被白軍所扣押沒收起來了。

②皇帝一家被處刑時，應該有現場目擊的證人。

③疑似皇帝一家人物品的大量遺物及頭髮，應該會在屠殺現場找到。

④事件之後，目擊過皇帝一家人蹤影的人，應該一個人也沒有。

然而，如果以今天的眼光來看，那麼這些證據全都是可疑的問題。

首先是第一項證據，由烏拉爾・蘇維埃議長貝羅波洛朵夫發給全俄羅斯・蘇維埃執行委員會議長史伯德洛夫的電報，無論怎麽想它是假物證的可能性都很強。

這份電報，是布爾什維克撤退出艾卡查林堡時遺留在電信局的東西，發信者雖有貝羅波洛朵夫的署名，但與其他的署名筆跡不一樣，並且電信局的發信簿也未留下記錄。

再者，被認為是屠殺現場目擊者的紅軍士兵麥德貝傑夫，在做證之後死得不明不白，令人甚為疑惑，因為這個緣故，他的證言總令人覺得極有可能是在受到拷問之後的強制自白，也就是他受逼迫而不得不「供認罪狀」的可能性很高。

另外，在其屠殺現場找到的皇帝一家人的遺物及頭髮，極有可能是一家人被迫移居至其他場所時，為了化裝易容而剪下、更換下來的東西。

還有，索可洛夫在廢墟發現的四十二個骨骼碎片，是皇帝一家人與僕從共計十一人的遺體灰燼，可能性也很低。

最後，調查了當作證據照片的世界屈指可數的病理學家康巴斯教授，明白地表示：「是否為人類的骨骼並不確定，況且儘管是十一個死者，卻連一個人的骨灰都不夠。」

索可洛夫進而說：「只要有充分的石油及硫酸，便理應在三天之間就完全焚燒掉十一個人的遺體。」但是，關於這一點，西點軍校畢業，在美國陸軍士兵學校執教的李奇博士也說明：「三天之間就處理掉十一個人的遺體，做好收拾、善後的工作，是極不合理、有違常情的事情。充其量至多焚燒屍體了事，而做到使表皮、毛髮及人體的外形變得不完整、不成人形的程度，已是最大的極限。」

況且，「之後誰也未看到皇帝一家人蹤影」的說法，也是一大謊言，其實，後來有好幾個人看見了皇帝一家人的蹤影。

皇帝一家人皆被殺害說是被揑造的說法？

一九一九年，白軍一落入形勢不利的局面，索可洛夫就帶著蒐集來的資料及照片，亡命於巴黎。

五年以後，他在巴黎去世時，他的手上理應留有全部共七卷的資料及照片的底片。底片雖在一九三二年於巴黎骨董店被找到了，但原始資料方面，則在第二次世界大戰之中被佔領巴黎的德軍所扣押沒收。

然而，一九七一年為了製作BBC廣播公司的節目而蒐集資料的記者A•沙瑪茲與T•曼可爾德，終於發現了資料的拷貝一直「常眠」於美國哈巴特大學的圖書館。

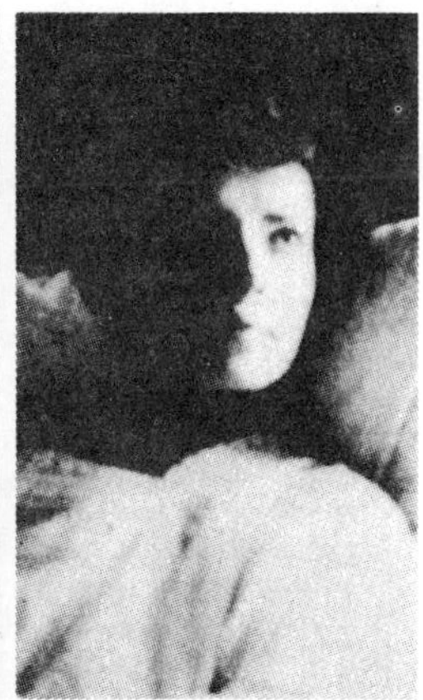

（上右）被疑為安娜絲塔夏的安達頌夫人。她是不是真的就是安娜絲塔夏。（上左）尼古拉二世一家人。（下）一般認為尼古拉二世皇帝一家人被殺害的地點伊巴契夫館的地下室。

後來，徹底檢討了這些包括七卷的龐大資料的兩人，發現索可洛夫僅僅提出對自己的說法有利的證據，而對其他的證據則束諸高閣，置之不理。

再者，已知索可洛夫之前的調查官們判斷說，在艾卡查林堡被殺害的皇帝、皇太子及隨從們只有五人，皇后及四位公主之後，已被人用列車帶到西方的貝魯密去。

沙瑪茲及曼可爾德出版了彙集整理調查結果的"The File on the Tsar"一書，在世界上掀起了極大震撼，造成了罕見的轟動。

他們將調查的焦點放在從英國被派遣而來的短期留駐高級外交官艾利歐特身上，注意他的一舉一動。事件發生當時，艾利歐特寄給英國的信裡，通知當局道：

「七月十七日，在那輛放下遮簾，離開艾卡查林堡的火車上，很有可能坐著皇帝的家人。皇后與四位公主未被殺害，隔天被移送到西方的看法，證據頗充分。」

也就是說，當時趨附政權的雷寧以作為與德國外交上的王牌，使出最後妙招為目的，善加利用了繼承德國血統的皇后及公主們。

另外，一翻開原始資料，就出現幾項證詞：那一年的聖誕節前夕（十二月二十四日夜晚），在即將淪陷的貝魯密城鎮，有人看到被監禁的皇后及四位公主們。

舉例而言，烏拉爾·蘇維埃議長貝羅波洛德夫的部屬蘇洛維約夫，以及同為議長部屬的姆特努夫的妹妹娜塔亞、高中教師索可洛夫等人證實：在貝魯密淪陷前的十二月初，看到皇后及公主們被用列車再從貝魯密移送到西方。

而且，在禁閉於貝魯密的期間一位公主企圖逃脫而被捕的證詞，也出現幾項。綜合這些證言，就可以瞭解到一點：一九一八年九月二十一日在郊外森林，有一位受了傷的女孩被捕，並立刻被帶到貝魯密去。

因秘密警察的委託而診察了她的烏特金醫師說道：那個女孩全身淨是烏痣，且處於神志昏迷、不省人事的狀態，但是，短髮、豐滿的體態及形狀良好的手指等等，的確與以前曾經看過的安娜絲塔夏一模一樣。

在公主之中最為活潑佻達、行動派的安娜絲塔夏，企圖逃脫的可能性絕不能說完全沒有，她很可能不甘於被捕，後半輩子就在監獄之中悄無聲息地渡過。

綜合這些物證及證詞，沙瑪茲等人推測：布爾什維克自己是不是企圖捏造皇帝一家人皆被殺害的證據？

他們說，一九一八年七月艾卡查林被佔領之後，一度鬆懈了追擊步伐的白軍暫緩了行動，為了向白軍通知皇帝一家人仍活著，使其不產生新的攻擊企圖，布爾什維克黨有必要捏造皇帝一家人皆被殺害的說法。

因此，他們雖只殺皇帝宮廷內的四名侍從，將遺體弄得四分五散，將骨骼碎片撒得到處都是，但是否因為擔心留下線索被人判明蹤跡，所以只帶走了頭蓋骨及牙齒？

另外，在讓皇帝一家人化裝易容移送到別處之後，將他們留下的衣服及寶石特地向周圍人們炫耀誇示，得意洋洋地撒到四處給人看。儘管他們想要隱藏犯罪行為，卻有可能讓多一點人看見的安排。

之後，所佔領的日軍政府，於一九一八年十二月判斷：半年之久行蹤不明的皇帝一家人已全遭殺害，他們打算將皇帝一家人利用於反共宣傳上，於是開始誇張地宣傳皇帝一家人全遭殺害的說法。

安達頌夫人即是安娜絲塔夏嗎？

無論如何，皇后及公主的足跡，以十二月初次從貝魯密車站出發為最後終點，此後就突然絕跡了。

而且正如前述，事件之後一年半的一九二〇年二月，投身於柏林的蘭特貝爾運河被救起的一名少女，突然自稱是安娜絲塔夏，引起了極大的衝擊。

根據「安娜絲塔夏」亦即安達頌夫人本身的說法，屠殺之際，由於唯有自己躲藏在姊姊後面，所以只是受了一點小傷，並無大礙。

此時，一名士兵從布爾什維克黨手中救出了她，兩人逃到了羅馬尼亞。她在逃亡期間雖產下了士兵的孩子，但士兵已在布卡來斯特的巷戰之中喪命。

之後，據說她與丈夫的家人及兒子一同變賣縫入西服裡的珠寶維生，勉強餬口了數年。但是，不久討生活愈來愈不易，在迫不得已之下，只好將兒子寄放在孤兒院，僅僅一個人單獨前往柏林。

安達頌夫人的故事，一眨眼的工夫便散佈於全歐洲之中。

她所說的事是真的嗎？她是不是覬覦據說被寄存在英國銀行的羅曼諾夫皇室之財產的騙子呢？或者，並不能單單如此一口咬定、信以為真呢？

於是，舊俄羅斯皇室的親戚包括各國王族及貴族們，甚至發展為分為兩派的地步，一派認定這位安達頌夫人是真實的身份；另一派認定她根本是假冒的身份。從一九二八年至一九七〇年為止，斷斷續續地持續著身份確認裁判的工作。

「正牌貨派」有皇弟的堂弟安德萊伊大公、同為堂弟的羅伊希定伯克公爵、德國皇帝的媳婦茲爾皇太子妃、皇帝的侍醫波特金醫師的女兒達奇安娜等人。「冒牌貨派」則有皇后的兄長亨森大公、皇帝的妹妹奧莉佳公主，及曾經擔任公主們家庭教師的賈利耶爾等人。

安達頌夫人是如何從布卡來斯特來到柏林呢？在跳入運河之前她做了什麼事情呢？將生下的孩子寄放在哪裡的孤兒院呢？關於上面各點，她絕對守口如瓶。可是，在頭蓋骨、耳朵的形狀等容貌問題上，她與安娜絲塔夏有許多共通點。如果她不是真正的安娜絲塔夏，那麼在之後的記者訪談中，就不會說出理應不知道的許多衝擊性事實了。

尤其是在俄羅斯與德國作戰的第一次大戰中的一九一六年冬天，在貝狄爾堡郊外的離宮看到亨森大公艾倫斯特•路托維希蹤影的證詞，更是顯得重要。

一般而言，敵國的將軍在戰爭期間不可能前來此處，亨森大公本身也斬釘截鐵地否認自己到過此處。可是，後來從與皇室相關人士之間相繼地出現了證人，聲稱親眼目睹自己的確在大戰之中在貝狄爾堡看到大公。

事實上，相較於當時德國政府支持俄羅斯國內的革命，德國皇帝威爾赫魯姆考慮保持帝政不受波及傷害的原狀，讓俄羅斯中立化，讓亨森大公擔任密使，將他送進貝狄爾堡，從事秘密工作。

自己如果承認大戰期間德國政府以密使暗中訪問敵國，那麼就會被加諸叛國罪的嫌疑。亨森大公從頭至尾否認這一點，不願意承認認識安達頌夫人。

那麼，安達頌夫人究意是真的安娜絲塔夏嗎？

議論又招致其他更多的議論，夫人雖數度被傳喚到法庭去，但結果仍一直未被證實根本不是安娜絲塔夏，就那樣中斷了審判，而懸置多時。

一九二八年赴美的安達頌夫人，以「悲劇的主角」的姿態使傳播媒體騷動不安，忽然之間成為社交界的一顆明星，後來，她曾與某位大學教授結婚，定居於美國，一九八四年終於離開人世。

於是，她是否為真的安娜絲塔夏？已經永遠無從得知了。

安達頌夫人真正的行蹤被揭露了

然而，「冒牌貨」派徹底地主張，安達頌夫人即是一九二〇年三月在柏林失蹤的波蘭籍工人法蘭茲絲佳・賈茲可夫斯卡。

「冒牌貨」派的成員亨森大公所雇用的私家偵探庫諾布，徹底地搜查了一九二〇年柏林一地所失蹤的女性，找到了記錄名為法蘭茲絲佳・賈茲可夫斯卡的波蘭工人之警方索引卡片，發現了一件重要的線索：那張卡片上面簽名的字跡，與安達頌夫人的字跡一模一樣。

再者，他還發現這個女人曾有過二次被精神病醫院所收容的記錄，以及她於一九二〇年二月十五日從柏林的友人韋肯達家消失蹤影，從此下落不明。

韋肯達家的人們陳述，失蹤之際的法蘭茲絲佳穿著附有編織帶子的黑長靴及黑底的裙子，肩膀則披上一塊大的黑色披巾。

另外，偵探庫諾布一看了安達頌夫人被柏林警方所收容的一九二〇年二月十七日的調查報告書，從上面的記錄竟然發現，記錄上明明白白地記載著：她穿著黑底的裙子，肩膀上披上黑色的披巾，穿著附有編織帶子的黑長靴。

還有，庫諾布在波美拉尼亞的小村莊發現了工人法蘭茲絲佳的家人。他一讓與兩個兒子及女兒住在一起的法蘭茲絲佳的母親看安達頌夫人的照片，她就立刻當場承認是自己的女兒沒錯。

根據家人們的證詞，以前清洗餐具時，法蘭茲絲佳曾經深深地割傷手指，手指的機能已幾乎喪失殆盡。

另一方面，根據醫學檢驗的結果，安達頌夫人左手中指的側面，有二、三公分左右的傷痕，證明了那是手指幾乎已經不能動彈的大傷害。

時至今日，公主安娜絲塔的故事，幾乎已成為傳說。

結果她在艾卡查林堡與家人們一起結束了年輕的生命了嗎？她最後真的投河了嗎？或者，她超過了坎坷不幸的命運而苟延殘喘著？

無論如何，她受到革命、戰爭及國際政治擺弄的命運，直到被收藏於蘇聯及歐美諸國政府的機密文件被公開為止，大概仍然一直被當作歷史的謎團，永遠沒有揭開的一天吧！

大展出版社有限公司　圖書目錄

地址：台北市北投區11204
致遠一路二段12巷1號
郵撥：0166955～1
電話：(02) 8236031
8236033
傳眞：(02) 8272069

• 法律專欄連載 • 電腦編號 58

台大法學院　法律學系／策劃
法律服務社／編著

①別讓您的權利睡著了[1]	200元
②別讓您的權利睡著了[2]	200元

• 秘傳占卜系列 • 電腦編號 14

①手相術	淺野八郎著	150元
②人相術	淺野八郎著	150元
③西洋占星術	淺野八郎著	150元
④中國神奇占卜	淺野八郎著	150元
⑤夢判斷	淺野八郎著	150元
⑥前世、來世占卜	淺野八郎著	150元
⑦法國式血型學	淺野八郎著	150元
⑧靈感、符咒學	淺野八郎著	150元
⑨紙牌占卜學	淺野八郎著	150元
⑩ＥＳＰ超能力占卜	淺野八郎著	150元
⑪猶太數的秘術	淺野八郎著	150元
⑫新心理測驗	淺野八郎著	160元
⑬塔羅牌預言秘法	淺野八郎著	200元

• 趣味心理講座 • 電腦編號 15

①性格測驗１	探索男與女	淺野八郎著	140元
②性格測驗２	透視人心奧秘	淺野八郎著	140元
③性格測驗３	發現陌生的自己	淺野八郎著	140元
④性格測驗４	發現你的真面目	淺野八郎著	140元
⑤性格測驗５	讓你們吃驚	淺野八郎著	140元
⑥性格測驗６	洞穿心理盲點	淺野八郎著	140元
⑦性格測驗７	探索對方心理	淺野八郎著	140元
⑧性格測驗８	由吃認識自己	淺野八郎著	140元

國家圖書館出版品預行編目資料

世界史爭議性異人傳／桐生操著，柯素娥譯；
—初版，—臺北市，大展，民86
222面；　公分—（精選系列；9）
譯自：世界史闇の異人伝
ISBN 957-557-736-1（平裝）

1.傳記

781　　86007783

世界史爭議性異人傳

ISBN 957-557-736-1

原著者／桐生　操
編譯者／柯　素　娥
發行人／蔡　森　明
出版者／大展出版社有限公司
社　址／台北市北投區（石牌）致遠一路二段12巷1號
電　話／(02) 8236031・8236033
傳　眞／(02) 8272069
郵政劃撥／0166955－1
登記證／局版臺業字第2171號
承印者／國順圖書印刷公司
裝　訂／嶸興裝訂有限公司
排版者／千兵企業有限公司
電　話／(02) 8812643
初版1刷／1997年（民86年）6月

定　價／200元

大展好書 好書大展